キーワード教育心理学

学びと育ちの理解から教員採用試験対策まで

永江誠司　編著

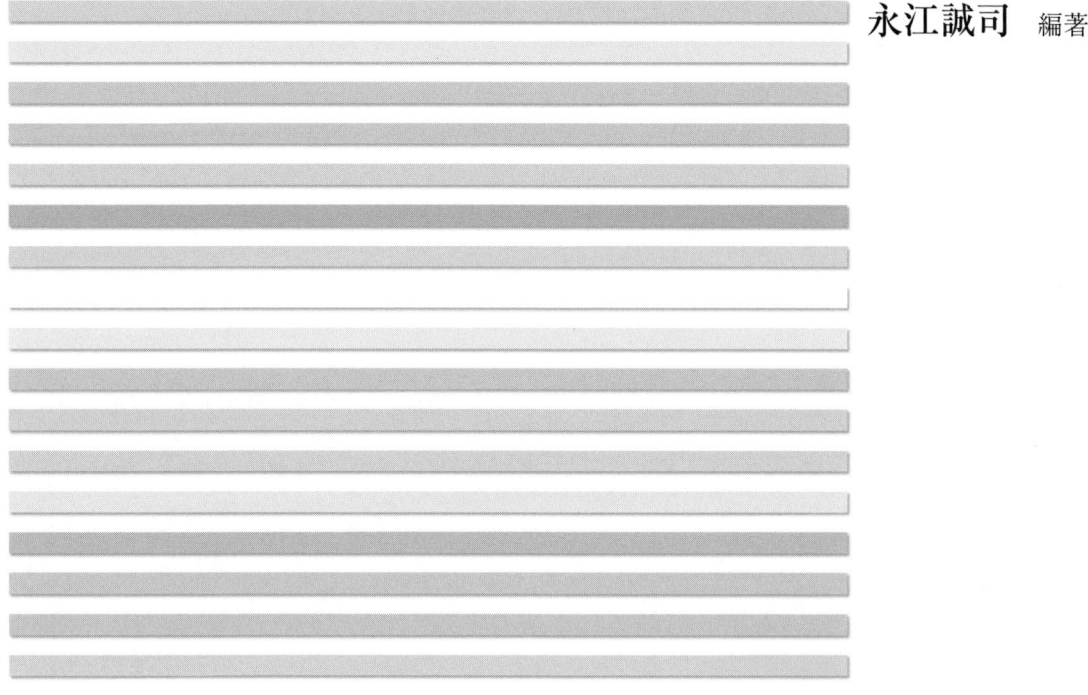

北大路書房

まえがき

　本書は，教職を目指して大学や短期大学などで学んでいる学生を念頭において編集したものであるが，併せてすでに教職に就かれている先生方にも活用していただけるように内容を考えて構成している。また，本書は教育心理学について学びたいと考えている人のための概説書であるけれども，ただ単に教育にかかわる事実や理論を羅列したものではなく，教育実践の場において，それらがどのような意味や効力をもっているかということに留意して内容を構成しているところに大きな特徴がある。

　したがって，本書の編集にあたっては①教育心理学の基礎的事実や法則など，基本となる内容を教育実践と関連づけて明確に示すこと，②教職を目指そうとする学習の初心者にも理解できるように内容をわかりやすく著すこと，③コラム欄を設けて，教育心理学の新しい話題や知識を紹介することに留意している。これらのことによって，本書は類書の教育心理学のテキストに比べて，以下の点で特色あるものになっている。

　第1は，小学校，中学校，高等学校の学校教育に生きる教育心理学という観点から内容を構成している点である。学校教育にかかわる教育心理学の基本的な内容と最新の内容を取り入れて，教育実践に生きる知識，技能，理論を提供するよう努めた。また，本書はふだんより教育心理学にかかわる研究と，その実践・指導に携わっている福岡教育大学大学院学校心理コース所属の7人のスタッフ（執筆当時）によって執筆されている。したがって，本書は学校教育の実態をふまえることができるように，また教師が実際に生じている問題を解決し，指導するのに役立つように，そして教職を目指す学生が教壇に立った時に具体的に活用できるように，教育心理学の基礎・基本となる知識や技能，そして理論をわかりやすく解説できていると考えている。

　第2は，本書が教員採用試験に対応して書かれているという点である。本書は，副題を「学びと育ちの理解から教員採用試験対策まで」としているとおり，教員採用試験に出題される問題に対し受験者として容易に解答できるように，すべての章にわたって出題頻度の高い内容（キーワード）を取り入れて説明，

解説している。

　これらのキーワードの抽出は，以下のような手続きをとって行った。まず，教員採用試験に合格した学生に，採用試験の準備として行った教育心理学の学習のなかで，重要と思ったキーワードを回答させた。その結果，各学生から100〜200語程度のキーワードがあげられ，重複を整理すると約150のキーワードが抽出された。それに，本書を執筆した教員が各種の教育心理学のテキストおよび教員採用試験問題集等を参考にして，上記のキーワードの重要度を確認したうえで，そこからもれていた約30語のキーワードを追加した。これら最重要語と考えられるキーワードを中心として，教育心理学のその他の重要語を加えて，全章にわたり360語余りを取り入れて内容を構成し，それぞれ解説している。教員採用試験に頻度高く出題されるこれらのキーワードは，欄外に太字で示した。

　第3は，各章にコラムを設けて，教育心理学の最新の話題，知識を提供しているという点である。近年の教育心理学研究の進展には，目を見張るものがある。本書の内容は，教育心理学の基礎的，基本的概念や理論を中心に構成しているが，それらの内容を補うものとして最新の研究から学校教育にかかわる，あるいは教育実践に役立つ話題や知識をコラムとして提供しているので活用していただきたい。

　本書の執筆に際しては，内外の多くの方々の研究成果を引用，あるいは参考にさせていただいた。それらの方々に，この場を借りて心からお礼を申し上げたい。引用した文献については，まとめて記載させていただいている。

　最後に，本書の企画の段階から出版に至るまで，北大路書房の奥野浩之氏にたいへんお世話になった。厚くお礼を申し上げたい。

　2013年1月

編著者　永江誠司

目 次

まえがき

1 章　教育心理学とは　1

1. **教育心理学の目的と課題**　2
   (1) 教育心理学の目的　／(2) 教育心理学の課題
2. **教育心理学の研究領域**　4
   (1) 教育心理学の基本領域　／(2) 教育心理学の6領域
3. **教育心理学の歴史**　5
   (1) 教育心理学の源流　／(2) 日本の教育心理学の流れ
4. **教育心理学の研究法**　7
   (1) 教育心理学の研究　／(2) 教育心理学の代表的研究法
● Column1　学校教育と脳を結ぶ多重知能　11

2 章　発達の原理・原則　13

1. **発達の要因**　14
   (1) 人間誕生の特徴　／(2) 遺伝と環境　／(3) 成熟と学習　／
   (4) 初期経験と臨界期・敏感期
2. **発達の様相**　18
   (1) 発達の原理　／(2) 発達の区分　／(3) 発達曲線
3. **発達と教育**　20
   (1) 発達課題　／(2) 発達の最近接領域
● Column2　実行機能　23

3 章　乳幼児期と児童期の発達　25

1. **ピアジェの発達理論**　26
   (1) 思考の発達段階　／(2) 思考の発達のしくみ
2. **新生児期・乳児期の発達**　28
   (1) 原始反射　／(2) 運動機能の発達　／(3) 愛着の形成　／
   (4) ことばの獲得
3. **幼児期の発達**　30
   (1) 自我の発達　／(2) 思考の発達　／(3) 思考様式の特徴　／
   (4) ことばの発達
4. **児童期の発達**　32
   (1) 環境の変化と身体の発達　／(2) 仲間関係の発達　／(3) 論理的思考の発達／

　　　　(4) 素朴概念
- Column3　心の理論　35

4 章　青年期以降の発達　37

1. 青年期と発達課題　38
   (1) 青年期とは　／(2) 青年期の発達課題
2. 青年期の身体発達と知的発達　39
   (1) 発達加速現象　／(2) 第2次性徴　／(3) 知的発達のピーク　／
   (4) 形式的操作段階の思考
3. 青年期の人格形成　41
   (1) フロイトの人格構造論　／(2) フロイトの心理性的発達段階論　／
   (3) エリクソンのライフサイクル論　／(4) 自我同一性の確立
4. 道徳性の発達　45
   (1) ピアジェの道徳理論　／(2) コールバーグの道徳理論
5. 成人期と老年期　46
   (1) 成人期と発達課題　／(2) 老年期と発達課題
- Column4　道徳判断をする脳　48

5 章　学習のしくみ　49

1. 学習とは　50
   (1) 学習の定義　／(2) 学習の理論
2. 古典的条件づけ　51
   (1) パブロフの古典的条件づけ　／(2) ワトソンの恐怖条件づけ
3. オペラント条件づけ　53
   (1) スキナーのオペラント条件づけ　／(2) プログラム学習　／
   (3) 試行錯誤学習
4. 認知説　56
   (1) 認知説とは　／(2) 洞察　／(3) 認知地図
- Column5　学習をとらえる多様な視点　59

6 章　記憶　61

1. 記憶の過程　62
   (1) 符号化，貯蔵，検索　／(2) 再認と再生　／(3) 忘却
2. 記憶の二重貯蔵モデル　64
   (1) モデルの概要　／(2) 感覚記憶　／(3) 短期記憶　／(4) 長期記憶
3. ワーキングメモリ　68
   (1) ワーキングメモリとは　／(2) ワーキングメモリの特徴とモデル　／

(3) ワーキングメモリと学習，発達
・Column6　再構成される記憶　71

7章　メタ認知と学習方略　73

1. メタ認知　74
   (1) メタ認知とは　／(2) メタ認知的知識とメタ認知的活動　／
   (3) メタ認知の発達　／(4) メタ認知をはぐくむ
2. 学習方略　77
   (1) 学習方略とは　／(2) 学習領域に一般的な方略と固有な方略　／
   (3) 学習方略を規定する要因　／(4) 学習方略の獲得の支援
3. 自己調整学習　79
   (1) 自己調整学習の過程　／(2) 自己調整学習方略
4. 学習の転移　80
   (1) 正の転移と負の転移　／(2) メタ認知と学習の転移
・Column7　授業に積極的に参加している学習者の姿とは　83

8章　動機づけ　85

1. 動機づけと動機の種類　86
   (1) 動機づけとは　／(2) 欲求階層説
2. 内発的動機づけと外発的動機づけ　88
   (1) 強化の源泉による動機づけの分類　／(2) アンダーマイニング現象
3. 動機づけの諸理論　90
   (1) 期待価値モデル　／(2) 学習性無力感　／(3) 自己効力感　／
   (4) パフォーマンス目標とラーニング目標
・Column8　存在脅威管理理論―人はなぜ自尊心を欲するのか？　95

9章　授業の過程　97

1. 発見学習　98
   (1) 発見学習とは　／(2) 発見学習の過程　／(3) 仮説実験授業
2. 有意味受容学習　99
   (1) 有意味受容学習とは　／(2) 先行オーガナイザー
3. 協同学習　101
   (1) 協同学習とは　／(2) バズ学習　／(3) ジグソー学習　／
   (4) LTD
4. 個に応じた教育　104
   (1) 適正処遇交互作用　／(2) 完全習得学習　／(3) 学習曲線
・Column9　話し合いを支える教師とは　108

10章　知能と創造性　109

1. 知能とは　110
   (1) 知能の定義　／(2) さまざまな知能説
2. 知能検査　112
   (1) 知能検査とは　／(2) ウェクスラー式知能検査　／(3) 知能検査結果の表し方
3. 学業不振児　114
   (1) 勉強ができない子ども　／(2) 知能水準と学力水準の違い　／
   (3) 学業不振の原因
4. 創造性　116
   (1) 創造性とは　／(2) 創造性の測定　／(3) 創造的な思考
- Column10　情動知能　119

11章　発達障害　121

1. 発達障害とは　122
   (1) 発達障害の種類　／(2) 発達障害のある子どもへの指導　／
   (3) 学校における指導体制
2. 広汎性発達障害　124
   (1) 広汎性発達障害の定義　／(2) 自閉症　／
   (3) レット障害と小児期崩壊性障害　／(4) 広汎性発達障害児への指導
3. 学習障害（LD）　126
   (1) 学習障害とは　／(2) 学習障害を判定する方法　／
   (3) 学習障害児への指導法　／(4) 学校における指導体制
4. 注意欠陥多動性障害（ADHD）　128
   (1) 注意欠陥多動性障害とは　／(2) 注意欠陥多動性障害の診断　／
   (3) 注意欠陥多動性障害の対処・指導
- Column11　ソーシャル・スキル・トレーニング　131

12章　学級集団　133

1. 学級集団の機能　134
   (1) 学級集団とは　／(2) 学級集団の機能　／(3) 学級集団の中の人間関係　／
   (4) 学級集団の発達的変化
2. 学級集団の査定　136
   (1) ソシオメトリック・テスト　／(2) ソシオメトリック・テストの集計　／
   (3) 学級集団の構造　／(4) ゲス・フー・テスト
3. リーダーシップ　138
   (1) リーダーシップとは　／(2) 専制型，民主型，放任型のリーダーシップ　／
   (3) PM理論　／(4) リーダーシップの源

4. **教師の適性**　140
   (1) 教師への向き，不向き　／(2) 教師らしさ　／(3) 求められる教師像　／
   (4) 教師の認知のゆがみ
 • Column12　学級集団への適応を測定する指標　143

13章　教育評価　145

1. **教育評価の機能と目的**　146
   (1) 教育評価の機能　／(2) 教育評価の目的
2. **教育評価の主体と対象**　147
   (1) 教育評価の主体　／(2) 教育評価の対象
3. **教育評価の分類と方法**　150
   (1) 教育評価の分類　／(2) 教育評価の方法
 • Column13　教育におけるPDCAサイクル　155

14章　教育統計　157

1. **教育における統計**　158
   (1) 教師に必要な統計の知識と技術　／(2) 統計の段階
2. **測定**　159
   (1) 測定とは　／(2) 尺度　／(3) 測定誤差と尺度の信頼性　／
   (4) 直接測定・間接測定と尺度の妥当性
3. **記述統計：1変数の記述**　162
   (1) 度数分布とパーセント　／(2) 代表値　／(3) 散布度　／
   (4) 標準化と標準得点
4. **記述統計：2変数の記述**　165
   (1) クロス集計表　／(2) 相関係数
 • Column14　偏差値　169

引用文献　171
索引　181

1章

教育心理学とは

1. 教育心理学の目的と課題
2. 教育心理学の研究領域
3. 教育心理学の歴史
4. 教育心理学の研究法

1. 教育心理学の目的と課題

(1) 教育心理学の目的

　教育心理学は，教育に関連する諸事象について研究し，そこにおける心理学的事実や法則を明らかにすることを通して，教育活動を改善し，教育効果を高めるのに役立つ心理学的知見や心理学的技術を提供することを目的とした学問である。それを学校教育に関連して考えると，「どのような子どもには，どのような教材を，どのように教えれば，どのように成長するか」ということについて，科学的な知識を収集しながら，その原理を解明し，体系化していく学問といえるだろう（倉石，1978）。

　学校における授業は，子どもと教師が教材を媒介にしてやりとりを行う場である。多鹿（2010）は，授業を構成する子ども，教師，教材の3要素が相互に作用する授業過程で，それぞれの要素がもっているいくつかの特性が影響を与えることを指摘している（表1-1）。これら授業過程に影響を与える子ども，教師，教材の具体的特性に関して科学的に研究し，その原理を解明して授業を改善していく知見や技法を提供していくことも教育心理学がめざしているたいせつな目的の1つといえる。教育心理学は，教育の営みを支援する知見や方法，そして技術を提供する科学といえる。

●表1-1　授業過程に影響を与える特性（多鹿，2010）

カテゴリー	具体的特性
子ども	教材に関する先行知識 教材への動機づけ 自分や教師・教材に対する信念 教師や友人との関係
教師・教材	授業目標の設定レベル 教材に関する教師の知識（難易度や熟知性） 子どもや学級集団に関する教師の知識 教授理論 授業形態 授業のテクノロジー（教材・教具）の理解 学習成果の測定と評価

学校教育にかかわる教育心理学の内容は，教育の対象，教育の営み，教育の効果の3つの側面に分けてとらえることができる。学校教育において，教育の対象とは児童生徒であり，教育の営みとは学習指導と生徒（生活）指導であると考えることができる。そして，教育の効果は教育評価によって明らかにすることができるだろう。

　学校教育において，対象となる児童生徒の特性を理解することはとくに重要である。児童生徒の特性は，その子がどの発達段階にあるのかという発達的特性と，知能，学習意欲，人格などにかかわる個人差の特性に分けられる（桜井，2004）。また，教育の営みとしての学習指導と生徒指導には，教授者としての教師，どう教えるかという教授法，さらに教科，教材などの教授内容が関係している。そして，教育の効果を高めるための教育評価には，相対評価，絶対評価，形成的評価，総括的評価，そしてポートフォリオ評価など，多様な評価法が開発されて，教育効果の測定のために用いられている（永野，1997）。学校教育にかかわる教育心理学は，児童生徒に対して学習指導と生徒（生活）指導を行い，児童生徒がよりよい方向に変化する教育活動に役立つ知見や方法，そして技術を提供するものといえる。

(2) 教育心理学の課題

　学校教育における教育心理学の基本的課題は，次のことにある。すなわち，①学校教育法に定められた教育目標が，それぞれの発達段階に適合したものであるかどうかを検証すること，②教育目標のなかに取り入れられている観察力，理解力，思考力，創造性，表現力，批判力，判断力，技能，態度，自主・自律・協同の精神，規範意識，協調力，使命感，人間性などの概念を心理学的に分析し明確にすること，③カリキュラムや教材などの教育内容を整備し編成すること，そして④教授法や評価法などの教育方法を構想，改善するにあたって，関連科学の知見と成果も取り入れながら適切，具体的な見解を提言することにあるといえる（永江，2008）。

2. 教育心理学の研究領域

(1) 教育心理学の基本領域

　教育心理学の研究領域は多様であるが，日本教育心理学会（2003）によって編集された『教育心理学ハンドブック』では，教育心理学の研究動向を「発達」「性格」「社会」「教授・学習」「測定・評価」「臨床」「障害」の7つの基本領域としてまとめている。また，アメリカ心理学会教育心理学部会は，教育心理学の基本領域として「成長と発達」「学習と学習過程」「人格と適応」「測定と評価」「教育心理学の技術と方法」の5領域をあげている。さらに，アメリカにおける教育心理学の研究領域について，アメリカ心理学会の機関誌"*Journal of Educational Psychology*"の研究論文，および主要な教育心理学ハンドブック等の内容を調査分析した結果では，「認知」「学習」「発達」「動機づけ」「個人差」「指導および教授」「教室と社会的・文化的過程」「教育における社会関係」「カリキュラムの心理学的基盤」「教育調査法」「心理査定」の11領域をあげている（Pressley & Roehrig, 2002）。

(2) 教育心理学の6領域

　日米における教育心理学の研究領域の調査から，「発達」「学習」「個人差（知能，人格）」「社会」，そして「測定・評価」などは日米で共通する主要な研究領域と考えられるが，本書では主として学校教育にかかわる教育心理学という観点から，「発達」「学習と動機づけ」「知能と創造性」「発達障害」「学級集団」，そして「教育評価と統計」の6つの研究領域を基本として取り上げていく。さらに本書では，拡大する教育心理学の研究領域をカバーするために，各章にColumnを設けて時代が求める新しい教育心理学の研究と課題について紹介する。

　「発達」の領域では，乳幼児期から児童期，および青年期以降の発達過程における発達の原理と課題，心身の発達的変化と発達段階，および人格形成などの理解から，子どもの成長と発達に応じた教育について考える。本書では，教育心理学の基礎的領域であるこの領域を2章，3章，4章で取り上げる。

「学習と動機づけ」の領域では，子どもの学習様式とその方略，記憶と認知様式，そして学習意欲としての動機づけなどについて理解し，子どもの学習と認知様式に基づいた教育，また動機づけを生かした教育について考える。本書では，教育心理学の主要領域であるこの領域を5章，6章，7章，8章，9章で取り上げる。

「知能と創造性」の領域では，子どもの知能とその測定について理解し，学業不振児の指導と創造性の教育について考える。本書では，この領域を10章で取り上げる。

「発達障害」の領域では，子どもの広汎性発達障害，学習障害（LD），注意欠陥多動性障害（ADHD）について理解し，それぞれの発達障害に応じた教育について考える。本書では，この領域を11章で取り上げる。

「学級集団」の領域では，学級集団の機能と査定，およびリーダーシップについて理解し，さらに教師の適性について考える。本書では，この領域を12章で取り上げる。

最後に，「教育評価と統計」の領域では，学校教育における教育評価について理解し，適正で効果的な教育評価について考え，さらに学校教育で用いる教育統計の基本的理解を深める。本書では，この領域を13章，14章で取り上げる。

3. 教育心理学の歴史

(1) 教育心理学の源流

科学としての心理学の歴史は，ヴント（Wundt, W.）がドイツのライプチッヒ大学に世界最初の心理学実験室を創設した1879年に始まるとされている。ヴントは，心理学を哲学から独立させ実証的な立場から人間の心を意識としてとらえる科学を確立しようとしたのである。ヴントの研究室には，ドイツ内外から多くの研究者，留学生が集まり，その後これらの人たちはそれぞれの国に科学的心理学を広め発展させていった。

ヴントのドイツ人門下生であったモイマン（Meumann, E.）は，実験心理学を教育学の研究に適用し，20世紀初頭に『実験教育学入門講義』『学習の節約

ヴント

と技術』などの著書を残している。これらの著書は、内容として発達や学習、そして個人差などについてふれており、教育心理学の本格的な著書として評価されるものであった。

ヴントのアメリカ人門下生であったホール（Hall, G. S.）は、アメリカに帰国後、質問紙法を使って児童研究を行うことを通して、アメリカにおける教育心理学の成立に貢献した。ホールは、アメリカ心理学会を組織して初代会長となっている。さらに、ソーンダイク（Thorndike, E. L.）は、どのような複雑な行動も、基本的には刺激と反応の連合によって成り立っていると考え、刺激と反応の連合の立場に立つ学習理論を提唱した。また、学習の転移についても組織的な研究を行い、20世紀初頭に『教育心理学』全3巻を著してアメリカの教育心理学の体系を築いた。ソーンダイクの学習理論は、その後スキナー（Skinner, B. F.）によるオペラント条件づけの研究へと発展し、行動主義的な学習理論の構築につながっていくことになる。ソーンダイクは、今日の教育心理学の礎を築いた心理学者として評価されている。

さらに、イギリスのゴールトン（Golton, F.）は個人差の研究、ヴァーノン（Vernon, P. E.）は遺伝と環境とのかかわりに関する研究において、またフランスのビネー（Binet, A.）は知能および知能検査の研究、ワロン（Wallon, H.）は思考、認知、性格などの研究において、さらにスイスのピアジェ（Piaget, J.）は知能や道徳性の発達過程の研究において、それぞれ独創的な研究を行い、教育心理学の新たな領域を切り開き、今日の教育心理学への発展に大きく貢献した。

(2) 日本の教育心理学の流れ

日本の教育心理学はドイツおよびアメリカの影響を受けて発展してきたといえる。第2次世界大戦以前の教育心理学は、欧米の研究を導入、紹介することから始まる。明治の中頃、元良勇次郎はジョンズ・ホプキンス大学のホールのもとで研究して帰国し、わが国に児童心理学とその研究法について伝えている。元良は、帝国大学（現東京大学）において心理学の研究と教育を行うとともに、高等師範学校（現筑波大学）においても教師養成のための心理学の講義を担当した。東京師範学校では、アメリカ、ドイツで心理学を学んで帰国した松本亦

太郎も心理学を教えている。松本は，その後京都帝国大学（現京都大学）に移籍し，彼の指導のもとで教育心理学の研究がさかんに行われた。

　大正に入って，ドイツのモイマンやアメリカのソーンダイクの影響を受けて，知能検査の導入やその紹介などが行われ，1926（大正15）年には東京文理科大学（現筑波大学）の田中寛一らによって学術雑誌『教育心理学研究』が創刊されている。田中は，広島文理科大学（現広島大学）の久保良英，古賀行義とともに知能測定を中心とする教育測定学の創始者とされている。

　日本の教育心理学の実質的な研究は，第2次世界大戦後のアメリカの教育心理学の影響のもとに発展することになる。戦後の大学改革によって教育課程の1つに教育心理学が課せられることになり，それにより教育心理学研究の必要性が高まり，研究者の数も増加した。1952（昭和27）年には日本教育心理学会が設立され，1953（昭和28）年からその機関誌『教育心理学研究』が，また1962（昭和37）年から『教育心理学年報』がそれぞれ発刊されて現在にいたっている。

　『教育心理学研究』は，従来の理論的，実証的研究に加えて，現在は教育方法，学習・発達相談，心理臨床等の教育の現実場面における実践を内容とした「実践研究」という新しいジャンルの論文も掲載している。日本教育心理学会の総会は，1959（昭和34）年から毎年1回開催されており，多数の研究発表，シンポジウムなどが行われている。

4. 教育心理学の研究法

(1) 教育心理学の研究

　科学としての心理学は，自然科学にならって客観性と実証性を重んずる。具体的には，測定可能性，定量性，そして再現性が用いる方法として求められる。教育心理学においても，客観的で実証的な研究法が開発され用いられている。

　教育にかかわる問題は，ともすると個人の経験に基づいて主観的に解釈されたり，個別の経験を一般的なものとして過大解釈されたり，あるいは世間の一般常識に則して解釈されがちである。であるからこそ，教育心理学の研究法は

厳密に客観的で実証的であることが求められる。

教育心理学研究の一般的流れは，次のように行われる。まず，「研究課題」を明確にし，それにかかわる「先行研究」を調べる。次に，検証可能な「仮説」を立て，それを実証するための「研究法」を考える。研究を実施し，「データ収集」を行う。そして，収集した「データの解析」を行い，その「結果」に基づいて仮説との論理的な関係を「考察」し，「結論」を出す。最後に，研究の成果を論文等によって「公表」する。

(2) 教育心理学の代表的研究法

教育心理学の代表的な研究法としては，観察法，実験法，質問紙法，検査法，面接法，事例研究法などがある。

観察法 「観察法」は，教育実践の場でよく用いられる方法の1つである。この方法は，対象となる人間の行動を自然の状況のもとで，あるいは実験的に統制された状況のもとで観察，記録し，それを分析して行動の特性や法則を明らかにするものである。観察法は，一般に「自然観察法」と「実験観察法」に分類される。

自然観察法は，人間の行動を自然に生起するままに観察する方法である。教師が子どもの遊びについて調べようとして，昼休みの時間に子どもの遊び行動を観察するのがこれにあたる。また，実験観察法は研究の目的のために条件を統制して，人為的に引き起こした行動を観察する方法である。教職歴の違いによる授業効果をみるために，教職歴の異なる教師を選び，授業中の教授行動を観察するのがこれにあたる。

これらの観察法では，観察者と被観察者の間に相互交渉はないが，観察の場に参加して被観察者と相互交渉して観察するものとして参加観察法がある。教育実習生が配属された学級で児童と活動をともにしながら児童の行動を観察するのがこれにあたる。

実験法 「実験法」は，研究の目的を実証するために，研究すべき対象や場面の諸条件を厳密に統制し，研究対象者の反応を測定して予想された条件効果を分析する方法である。

実験法で最も多く用いられるのが統制群法である。この方法では，2つまたはそれ以上の等質のグループをつくり，実験群および統制群とする。実験群に

は特定の条件を与え，他方の統制群にはその条件を与えないか，または別の条件を与え，両条件の結果を比較して特定の条件の効果を分析する。

　実験群では新しい教授法を用いて授業をし，統制群では従来の教授法をそのまま用いて授業を行い，両群の授業効果を比較して新しい授業法の効果を分析するのがこの方法にあたる。実験者が操作する条件を独立変数，結果として得られる変数を従属変数という。

　「質問紙法」は，資料の収集法として教育心理学研究においてよく用いられる方法である。質問紙法は，研究の目的に対応する質問項目を作成し，それに回答させたものを分析する方法である。この方法は，児童生徒の生活実態，仲間関係，進路希望などについての意見，判断，評価，態度などの回答を求め，それを分析して事実を明らかにする方法といえる。　　　　　　　　　　**質問紙法**

　質問紙法においては，どのような対象を調査対象者として選ぶかが重要であり，対象となる集団を代表する標本を客観的に抽出することが必要である。また，研究で取り上げようとする概念を客観的に測定する尺度項目を厳密に選定し，質問項目への回答も答えやすくなるように，あらかじめ用意されたものから選ぶ制限回答式が用いられることが多い。質問紙法は，短期間に多くのデータを得，調査対象者の全体的，平均的傾向を把握しやすい面があるが，個々人の内面的特性を把握しにくいという面もある。

　「検査法」は，個人の知能，性格，学力，技能，その他の心理特性について一定の尺度を用いて測定し，その結果をあらかじめ評定し決定されている基準に照らし合わせて評価する方法である。テスト法ともいう。　　　　　　　　　**検査法**

　学校教育において用いられる検査法としては，学力検査，性格検査，知能検査，適性検査などがあるが，その他に学級集団内での児童生徒の人間関係を測定するソシオメトリックテスト，性格や行動，あるいは態度などの具体的な特性を示して，それがたとえば学級内のだれであるかを記述させるゲス・フー・テストなども用いられることがある。

　「面接法」は，教育場面においてよく用いられる方法である。それは，面接者と被面接者が一定の場所において直接顔を合わせて話し合い，意見の交換や意思の伝達，あるいは相談や問題などを解決するといった目的を達する方法である。　　　　　　　　　　　　　　　　　　　　　　　　　　　　　　　　　**面接法**

教育心理学の面接法は，調査面接と臨床面接に分けられる。調査面接は，面接者があらかじめ面接の目的に従って質問項目を用意しておき，それについて被面接者に自由に話してもらうものである。臨床面接は，なんらかの問題，症状をもつ被面接者に対して，治療という目的をもって行われるものであり，カウンセリングなどにおいて用いられる。

　面接法では，面接者と被面接者の間に信頼関係があり，安心して交流できる友好的で暖かい関係（ラポール）がつくり上げられる必要がある。教師と児童生徒との間にラポールが成立していることが，面接を通して児童生徒のもつ問題を解決していくための前提条件といえる。

事例研究法　「事例研究法」は，なんらかの問題や症状を抱える個人について，生育歴や生活環境，性格特性や人間関係，さらに能力や学校適応性など多面的に資料を収集し，それをもとにその個人の理解を深めて問題や症状を解決していくための指導や治療の方針を見いだしていくものである。教育相談や心理療法において用いられる方法の1つである。

　事例研究は，個人のもつ独自の特性，問題等をより深く理解する方法として適しているが，1つの事例を対象とするところから，結果を一般化することには慎重であらねばならない（桜井, 2004）。したがって，同じような事例を複数集めることを通して一般化を考えていくことが必要である。

Column 1　学校教育と脳を結ぶ多重知能

　ガードナー（Gardner, 1999）は，学校教育にかかわる新しい知能理論として多重知能理論を提唱している。ガードナーは，知能を「ある文化において価値があるとみなされる問題を解決したり，価値があるとされるものを創造する能力」と定義し，言語的知能，論理数学的知能，音楽的知能，身体運動的知能，空間的知能，対人的知能（他者理解能力），内省的知能（自己理解能力），博物的知能（自然理解能力）の8つを多重知能としてあげている。そして，これらの多重知能は脳内に対応する機能領域をもっているとしている。

　言語的知能は，言語を効果的に使いこなす能力，論理数学的知能は問題を論理的に分析したり，数学的な操作を実行する能力，音楽的知能は音楽をつくり出したり，表現したり，あるいは認識，識別する能力，身体運動的知能は自分の考えや感情を身体全体や身体部位（手や口など）を使って表現する能力，空間的知能は広い空間のパターンを認知して操作する能力，あるいはより限定された範囲のパターンを認知する能力，対人的知能は他者の感情，信念，そして意図を認識し，他者との関係をうまくつくり上げていく能力，内省的知能は自分自身の感情，意図，そして動機づけを認識し，それをふまえて適切に行動する能力，そして博物的知能は自分のまわりにあるさまざまな種類の植物や動物を見分けて分類するなどの能力のことをいう。

　これらの多重知能は，学校教育の教科・領域と密接な関係をもっている。たとえば，言語的知能は国語や英語，論理数学的知能は算数／数学や理科，音楽的知能は音楽，身体運動的知能は体育，空間的知能は図画工作／美術や社会（地理），対人的知能および内省的知能は道徳や特別活動，博物的知能は理科や総合的な学習の時間などとそれぞれ関係しているとみることができる。ここで示した関係は，相対的により強く関係しているという意味であり，各教科・領域の学習には複数の知能が関係している。

　また多重知能は，それぞれ対応する脳領域をもっている。たとえば，言語的知能は左前頭葉（ブローカ中枢）と左側頭葉（ウェルニッケ中枢），論理数学的知能は左前頭葉と頭頂葉，音楽的知能は右側頭葉，身体運動的知能は運動野，体性感覚野，小脳，大脳基底核，空間的知能は右脳後部領域，対人的知能は前頭葉（内側部），側頭葉，大脳辺縁系，内省的知能は前頭葉（底部），側頭葉，大脳辺縁系，そして博物的知能は左頭頂葉というように，それぞれ知能と脳領域の関連性が高いことを指摘している。これら知能と脳領域の関係も相対的により強い関係を示しており，各知能には複数の脳領域が関係している（永江，2008）。

　学校教育と脳との関係は，多重知能を両者の間に媒介させてみると，その関係をより具体的なものとしてとらえることができる。

2章 発達の原理・原則

1. 発達の要因
2. 発達の様相
3. 発達と教育

1. 発達の要因

(1) 人間誕生の特徴

　ウシやウマなどの，離巣性の動物とよばれる高等な哺乳動物は，生まれてから数時間で歩行することが可能である。また，母胎内での発育期間が長く大脳が発達しており，一度に生まれる子どもの数は1，2匹程度である。これに対して，ネコやネズミなどの就巣性の動物は，ほとんど運動能力がない状態で生まれ，妊娠期間が短く大脳も未発達で，一度に生まれる子どもの数は5匹以上と多い。

　人間は，大脳がよく発達していることなどは離巣性の動物の特徴をもつにもかかわらず，運動能力が未熟な状態で生まれてくる点では就巣性の動物と同様であり（二次的就巣性），1人で歩けるようになるまでには生後1年はかかる。スイスの生物学者のポルトマン（Portmann, 1951）は，人間の子どもが，脳の発達を優先させたため，本来ならば21か月で生まれるべきところを，身体の発達が十分でない10か月で生まれてくることを，生理的早産とよんだ。

ポルトマン

生理的早産

(2) 遺伝と環境

　誕生後の人間の発達にはさまざまな要因が影響を及ぼしていると考えられるが，遺伝と環境のどちらの影響がより強いか，すなわち「遺伝か環境か」という問題は，さまざまな観点から論じられてきた。まず遺伝説については，傑出した人物の家系調査（優れた音楽家や画家は血縁関係の近い人に高い確率で現れるなど）や双生児研究（一卵性双生児は別々に育てられた場合も知能指数の相関が高いなど）を通じて，遺伝の重要性が強調されてきた。また環境説は，野生児研究（人間的環境で生育されなかった子どもは，その後に教育を施しても言語獲得が困難であったというアヴェロンの野生児など）などを通じて発達の規定因としての環境の重要性を主張した。

アヴェロンの野生児

　しかし，たとえば，父と母が音楽家であった場合に，その子どもが音楽家になる確率が仮に高いとしても，それが遺伝のみの影響であるとはいいがたい。

なぜなら，そのような家庭では日常的に音楽が流れていたり，家に楽器や楽譜がたくさんあるなど，幼少期から音楽とふれあうことのできるような，音楽家が生まれやすい環境が整っている可能性が高いからである。このような，「遺伝か環境か」の二者択一の極論ではなく，「遺伝も環境も」という考え方，すなわち，遺伝要因と環境要因が加算的に作用して発達に影響を及ぼすという輻輳説は，ドイツの心理学者のシュテルン（Stern, W.）によって提唱された。

輻輳説

シュテルン

その後，輻輳説のように，遺伝要因と環境要因が加算的に影響を及ぼすのではなく，環境要因と遺伝要因を明確に分けることは困難であり，両者の相互作用こそが発達に影響するという相互作用説が主流となった。相互作用説の代表的なものに，アメリカの心理学者ジェンセン（Jensen, 1968）の環境閾値説がある。この説は，遺伝的な可能性が実現されるために必要な環境の量や質は特性ごとに異なり，各特性はそれが実現されるための固有の環境条件の閾値（一定水準）をもっているという考え方である。

ジェンセン
環境閾値説

たとえば，身長などの発達可能性は，よほどの悪い環境でないと阻害されることはないが，外国語音韻の弁別などは，特別の教育や訓練が行われるようなよい環境条件にめぐまれなければ遺伝的な可能性が実現する確率は少ない。つまり，ある特性の発達に環境がどの程度影響するかということは特性の種類によって異なり，環境条件が一定の水準を超えた場合には，その特性は正常に発達していくことになる。

(3) 成熟と学習

人間の発達に影響を及ぼす要因として，成熟と学習のどちらが優位であるかという問題は古くから論じられてきた。成熟優位説とは，発達は，環境や学習には大きな影響を受けずに，生物学的な成熟，すなわち人間としての遺伝的なプログラムに従って進むとする考え方である。また，それとは逆に，学習（環境）優位説とは，人の発達は，生後の学習や環境によって規定されるという考え方である。

成熟優位説

学習（環境）優位説

まず，成熟優位説を支持する代表的な研究者は，アメリカの心理学者・医学者であるゲゼル（Gesell, A.）がよく知られており，研究例としては，ゲゼルとトンプソン（Gesell & Thompson, 1929）の，双生児を対象とした階段登り

ゲゼル

訓練の効果を検討したものがある。この研究では，遺伝的には同一の素質をもつと考えられる一卵性双生児のT児とC児に対して，一方にのみ早期の訓練を行うことによってその効果がみられた場合は，成熟をまたずとも訓練の効果があったと判断できると仮定した。

訓練は，T児には生後46週間目から6週間にわたる階段上りの訓練を行い，C児には生後53週間目から2週間のみの短い訓練を行った。この結果，T児は4週間のトレーニング後の50週間目には援助なしに1人で階段を上れるようになり，6週間のトレーニング後の52週間目には，26秒で階段を上った。これに対してC児は，まだトレーニングを受けていない時点で，援助なしに45秒で階段を上ることができ，2週間のトレーニング後の55週間目には10秒で上ることができた。

この結果から，ゲゼルは発達の要因として重要であるのは成熟であり，成熟がその学習に適したレベルまで到達していなければ，たとえ多くの訓練を行ってもその効果はあまり期待できないとした。このように，心身の機能が成熟し，ある学習が成立するための準備が整った状態を**レディネス**とよび，成熟優位説では，レディネスが形成されてからの学習が最も効果的で，それ以前の学習は効率が悪く，あまり意味をもたないとした。

次に，学習（経験）優位説を支持する代表的な研究者は，アメリカの心理学者である**ワトソン**（Watson, J. B.）である。ワトソンは行動主義の立場から，人の発達は生後の学習や環境によって規定されるとし，彼の著書『行動主義』（Watson, 1924）の中で次のように述べている。「12人の健全な乳児と，私の望むような養育環境を与えてくれさえすれば，その中のどの子でも訓練して，その子の才能，嗜好性，能力，素質，家系にかかわらず，医師，弁護士，芸術家，商人など，どのような専門家にでも，いや，物乞いや泥棒にでさえもしてみせよう」。ここからも，ワトソンが子どもの行動形成に対して経験や環境の力を極端に重視していたことがうかがえる。

成熟と学習のどちらかが過度に重視されることはなくなってきたが，成熟や学習自体をどのように考えるか，また，どちらにより重きをおくかについては，さまざまな議論がなされてきた。たとえば，先ほど述べたレディネスの考え方も，レディネスができるまで教育や学習を行うのを待つのではなく，レディネ

スを積極的に形成するような教育や働きかけを重要視する方向へ変化している。

(4) 初期経験と臨界期・敏感期

　発達初期のある期間における一度きりの経験が，その生物の後の行動に重要な影響を及ぼすことを，初期経験（初期学習）の効果という。また，この学習が成立するのはある短い一定の期間のみであり，この期間のことを臨界期という。代表的な例としては，インプリンティング（刻印づけ）とよばれる，ある種の鳥類が，孵化直後のごく限られた期間内に最初に出会った動く対象に対する一度または数回の学習のみで，その後長期間にわたってその対象のあとを追う習性を獲得することがあげられる。

　たとえば，ドイツの動物行動学者ローレンツ（Lorenz, 1960）は，孵化間近のハイイロガンの卵を孵卵器に移して観察していたがために，目の前で孵化したハイイロガンに母親と思い込まれた事例を紹介している。ローレンツは，孵化したてのそのハイイロガンにかなり長い間見つめられ，早口でのさえずりにうっかり応えてしまった。しかし，当初の計画通りにガチョウにそのハイイロガンの世話をさせるために，ガチョウの腹の下に押し込み立ち去ろうとしたところ，必死でそこから這いだしローレンツを追いかけてきたという。

　人間においては，ローレンツの鳥の例ほど劇的な初期経験の効果や臨界期は存在しないが，もうすこし緩やかな敏感期というものが存在する。たとえば，イギリスの児童精神学者のボウルビィ（Bowlby, 1959）は，乳幼児と母親（あるいは母親の役割を果たす人物）との人間関係が，親密で，継続的で，両者が幸福感と満足感に満たされているような状態が精神衛生の根本であるとした。そして，生後約1年間の間に，良好な母親との関係が欠如することを，マターナル・デプリベーション（母性的養育の喪失）とよび，その後の体格・運動・情緒・知能発達や性格形成を著しく阻害するとした。

　良好な養育者との関係の欠如とは，たとえば，養育者から抱き上げられたり，あやされたり，笑いかけられたりすることのほとんどない状況をさす。このような状況が続くと，たとえ栄養や衛生面は整えられていたとしても，表情がなく外界への興味関心が希薄であるといったような情緒・知能的な発達の遅れは

［欄外：初期経験／臨界期／インプリンティング／ローレンツ／ボウルビィ／マターナル・デプリベーション］

もちろんのこと，体重の減少や動きの緩慢さなどの体格・運動面の発達も大きく阻害される。この現象は，古くは，施設で育った子どもたちに特徴的に観察されていたことから，ホスピタリズム（施設症）とよばれた。

ホスピタリズム

そのほかの人間の敏感期としては，たとえば，絶対音感の獲得には低年齢のうちにしかるべき訓練が必要であり，その時期以降にはいくら訓練を積んでも獲得は困難であるなどがあげられる。

2. 発達の様相

(1) 発達の原理

発達原理

人間の身体的・精神的発達には，発達原理とよばれている，連続性，順序性，方向性，といったような一般的な特徴がある。連続性は，発達は連続的に起こっているのであり，急激に変化するものではないことをさす。また，発達には決まった一定の順序があり，順序が逆転することはない。さらに，発達は一定の方向性をもち，身体や運動能力の発達であれば，頭部から尾部へ，中心部から周辺部へといった方向性がみられる。

(2) 発達の区分

上述したように，人間の発達はきれ目のない連続的なものではあるが，変化の過程で，前後の時期とは明らかに異なった特徴をもつ時期があらわれる。この特徴を手がかりとして，人間の一生の発達的変化は，いくつかの時期や段階に区分することができる。また，この時期や段階の区分のしかたは発達的変化のどのような側面に着目するかによって異なり，さまざまな種類がある。

まず，社会的な習慣や実用的な側面からの区分として，最も多く幅広く用いられている一般的な区分は，次のようになる。胎児期（受精から出産までの約40週），新生児期（出生後約4週），乳児期（1か月〜1歳半ごろ），幼児期（2歳〜6歳ごろ），児童期（6歳〜12歳ごろ），青年期（12歳〜20代前半），成人期（20代後半〜60代前半），老年期（60代後半以降）。ただし，成人期をいくつかに区分する場合もある。日本における学校制度上の区分は，幼稚園（3〜

乳児期
児童期
青年期
成人期

6歳)，小学校（6～12歳），中学校（12～15歳），高等学校（15～18歳），大学（18～22歳）となっている。また，精神発達の側面からの区分の代表的な例としては，以降の章で詳しく述べるが，ピアジェ（Piaget, J.）やエリクソン（Erikson, E. H.）の発達段階があげられる。

　このような発達の区分は，ある時期や年齢ではっきりと区分できるというものではなく，便宜的にそう考えるとわかりやすいといった性質のものである。たとえば，発達を区分することで，それぞれの時期での特徴的な姿を把握しやすくなり，おおよその発達の目安やその時期の課題の参考となるだろう。また，一生を通じての各時期での発達を見通すことで，それぞれの時期における発達上の意義や他の時期との関連性を意識することができる。

(3) 発達曲線

　発達の様相をより具体的・視覚的に表す手段として，発達曲線がよく用いられる。発達曲線とは，体重や身長などの身体の形状や，知能などの精神発達に関する数量的なデータについて，年齢や時間経過の関数として図示したものである。図2-1は，発達曲線の最も代表的な例であるスキャモンの発達曲線とよばれるものである（Scammon, 1930）。この発達曲線は，成人（20歳）の発達量を100％とし，身体のさまざまな器官の発達量の割合を年齢ごとに表したものである。　　　　　　　　　　　　　　　　　　　　**スキャモンの発達曲線**

　スキャモンは，身体器官の発達のパターンには，大きく分けて次の4タイプがあるとした。リンパ型：胸腺やリンパ節などの免疫機能に関連する組織が含まれ，生後から思春期前にかけて急激に成長し，成人の約2倍のレベルになるが，そこから徐々に成人のレベルにもどる。神経型：脳，脊髄，眼球，頭部の大きさなどが含まれ，出生後から急激な成長を示し，幼児期の終わりごろまでに成人の約90％までに達する。一般型：身体全体の大きさ，呼吸器系や消化器系の臓器，筋組織，骨格，血液量などが含まれ，出生後および思春期の急激な成長とその間の緩やかな成長がみられる。生殖型：睾丸，前立腺，卵巣などが含まれ，思春期のころから急激に成長する。

リンパ型

神経型

一般型

生殖型

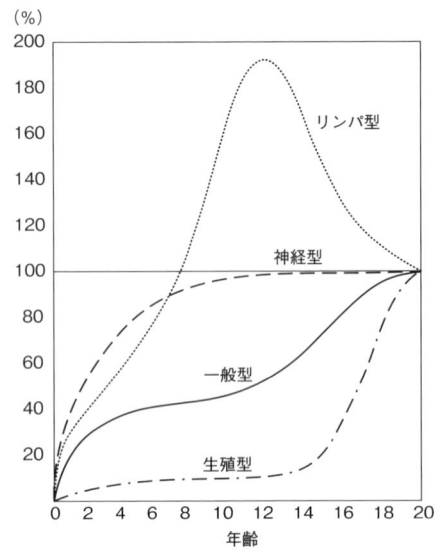

● 図2-1　スキャモンの発達曲線（Scammon, 1930を参考にして作成）

3. 発達と教育

(1) 発達課題

ハヴィガースト

発達課題

　アメリカの教育学者ハヴィガースト（Havighurst, R. J.）は，人間が健康で満足のいく社会生活をしていくためには，人生のそれぞれの時期に応じた達成しなくてはならない課題があると考え，それを，幼児期から老年期までの各段階の発達課題（Havighurst, 1972）として体系的に示した（表2-1）。そして，ある時期の課題をうまく達成できれば幸福になりそれ以後の課題も達成しやすくなるが，達成できなければ社会への適応が困難になり，それ以降の課題の達成も困難になるとした。

　ハヴィガーストは，発達課題が生じてくる原因として，身体の成熟，社会や文化からの要請，個人の価値観や志望，の3点をあげ，これらが組み合わさりそれぞれの時期に達成すべき課題がでてくるとしている。つまり，発達課題は，

● 表2-1　ハヴィガーストの発達課題（Havighurst, 1972を参考にして作成）

時期	発達課題
幼児期	・歩行の学習　・固形物を食べる学習　・話すことの学習　・排尿と排便の学習　・性別と性差および性的な慎みを学ぶ　・簡単な抽象概念の形成　・記号や文字を読む準備をする　・善悪の区別を学び良心を発達させ始める
児童期	・遊びに必要な身体的技能の学習　・身体を大切にして清潔と安全に留意する習慣を身につける　・同年代の仲間と協力することを学ぶ　・男女それぞれの性役割を学ぶ　・基本的な読み書きと計算の技能を発達させる　・日常生活に必要な社会的概念を発達させる　・良心や道徳心，基本的な価値観を発達させる　・個人としての自立を達成する　・民主的な社会的態度を発達させる
青年期	・同年代の他者と成熟した関係を築く　・大人の男性や女性としての社会的役割を身につける　・身体的変化を受け入れ効率的に身体を使う　・親や他の大人から情緒面で自立する　・結婚や子どもをもつことに対する積極的態度を身につける　・職業につく準備をする　・行動の基準となる価値観や倫理体系を身につける　・社会的に責任ある行動への努力と実行
成人初期	・配偶者の選択　・配偶者との生活を学ぶ　・第1子を出産し家庭をつくる　・育児をする　・家の管理をする　・就職する　・市民としての責任を引き受ける　・気の合う社交集団を見つける
成人中期	・十代の子どもの成長を援助する　・成人としての社会的責任を果たす　・職業生活で満足のいく地位を築き維持する　・余暇を充実させる　・配偶者と1人の人間としての関係をもつ　・身体面の生理的変化の受容と適応　・老いていく親への適切な対応
老年期	・体力と健康の衰退への適応　・退職と収入減少への適応　・配偶者の死に対する適応　・同年代との親しい関係を確立する　・社会的役割への柔軟な適応　・快適で便利な住宅の確保

各段階での具体的な教育目標や発達の評価指標ともいえる。

(2) 発達の最近接領域

　前項で述べた成熟優位説では，レディネス（学習が成立するための準備が整った状態）が形成されてからの学習が最も効果的で，それ以前の学習はあまり意味をもたないとされた。しかし，レディネスが形成されるのを待つのでなく，適切な教育をすることによってレディネス形成を促進することができる，つまり，教育方法と無関係に学習の時期を考えるのではなく，教育方法の工夫しだいでは，もっと早い時期に学習ができるものがあるという考え方がある。

　旧ソビエトの心理学者ヴィゴツキー（Vygotsky, 1956）は，このような観点から，子どもの知的発達の水準を2つに分けて考えるべきであるとした。1つは，子どもが独力で問題を解決できる現在の水準であり，もう1つは他者か

ヴィゴツキー

発達の最近接領域

らの援助や他者との共同作業によって解決が可能になる潜在的な水準である。そして，この2つの水準の間の範囲を発達の最近接領域（zone of proximal development: ZPD）とよんだ。

　ヴィゴツキーは発達の最近接領域について，次のような例で説明している。ある2人の子どもが独力で，8歳の知的水準の問題を解くことができるとしよう。しかし，この2人に，まだ独力では解くことのできない問題を，教示や回答のヒントなどを与えながら行わせた場合に，一方の子どもは12歳の水準の問題が解けるのに，他方の子どもは9歳の水準の問題しか解けないことがある。この場合，彼らの発達の最近接領域は4と1というように明らかに異なり，この2人はけっして同じ発達水準であるとはいえない。独力での知的水準の類似より，発達の最近接領域における相違の方がその意味ははるかに大きいといえるであろう。

　このように，ヴィゴツキーは，発達水準の指標となるのはすでに成熟した機能，すなわち子どもが現在独力でできることではなく，他者の働きかけがあってできるような成熟しつつある機能の部分，すなわち発達の最近接領域であり，教育の可能性や方法はこの発達の最近接領域によって決定されるとした。

Column 2　実行機能

　実行機能とは，人間の思考や行動の調整やコントロールを行うような自己制御機能の総称をさし（Carlson, 2005），その基盤は前頭葉にあるとされている。実行機能は幼児期にめざましい発達を遂げるが，逆に実行機能が未発達であると，学習場面や対人場面において，困難を示すことが少なくない。

　研究者によって区分のしかたには若干の違いはあるが，実行機能には以下の4つの下位機能が想定されている。この下位機能をわかりやすくするために，ここでは，日常的な場面での幼児期の子どもの実行機能の育ちをみるための質問紙である BRIEF-P（Gioia et al., 2003）の質問項目例もあわせてみていく。この質問紙では，日常的に項目の内容にあてはまることが多いほど，実行機能が未発達であると判断される。

①ワーキングメモリ：情報を一時的に保持しながら，同時に情報の処理を行う機能。
　・2つのことをやらせると一方を忘れる。
　・活動の最中で自分が何をしていたのか忘れる。
　・教えてもらった後でも，同じ失敗を何度もくり返す。
　・しゃべっていると話題がころころ変わる。

②抑制制御：ふだんは優勢ではあるが，ある状況では不適切である情報や行動を抑制したり，衝動的な反応を抑制する機能。
　・自分のやっていることが他の人を困らせていることに気づかない。
　・必要以上に声が大きい。
　・注意されてもなかなか行動をやめることができない。
　・すぐに騒いだりふざけたりする。

③認知的柔軟性：ある次元から別の次元へ柔軟に思考や行動を切りかえる機能。
　・新しいことにとまどいやすい。
　・新しい友だちや先生になかなか慣れない。
　・活動を切りかえることが苦手である。
　・道順や食べ物，場所などを変えたがらない。

④プランニング：目標を達成するために計画を立てそれに適した行動を行い，またその結果をみながら行動を改善，実行する機能。
　・かたづけるように言われても，きちんとかたづけることができない。
　・当然やるべきことであっても，言われないと始められない。
　・細かいことにこだわりすぎて，全体がおろそかになってしまう。

3章
乳幼児期と児童期の発達

1. ピアジェの発達理論
2. 新生児期・乳児期の発達
3. 幼児期の発達
4. 児童期の発達

1. ピアジェの発達理論

(1) 思考の発達段階

ピアジェ　スイスの児童心理学者であるピアジェ（Piaget, J.）は，子どもの行動の詳細な観察と実験により，乳幼児期から児童期にかけての子どもの発達理論の基礎をつくった。前章で述べたように，発達の区分にはさまざまなものがあるが，人間の知的活動の発達をいくつかの段階に区分した最も代表的なものが，ピアジェの発達段階である。ピアジェは，子どもの認識や思考は，外界とのやりとりを通じて未分化な状態からより組織化された構造になるとし，その構造の違いを次の4つの段階に区分している。4つの段階のうち，感覚運動期以外の3つの段階は，運動や感覚ではなく表象（representation）を通じて外界をとらえるようになることから，表象的思考段階とよばれる。

ピアジェの発達段階

表象的思考段階

感覚運動期　①感覚運動期（0～1, 2歳ごろ）
　見る，触るといった感覚と，吸う，つかむなどの身体運動によって外界を認識する時期で，この時期の初めに特徴的なのは，くり返し同じ動作を行うこと（循環反応）である。また，手でガラガラを振ると音が鳴ることの関連など，環境への働きかけとその反応から外界を認識していく。この時期の後半には対象の永続性の認識（おもちゃなどが布で隠されたとしても，その布の下にはおもちゃは存在しているという認識）を獲得する。

前操作期　②前操作期（2～7歳ごろ）
前概念的思考段階　この時期の前半（2～4歳ごろ）は前概念的思考段階とよばれ，前段階の感覚運動期のように，運動や感覚を通じてではなく，頭の中で行為や事物を表象して外界をとらえるようになる。この段階の特徴は象徴機能（ある事象をそれとは異なる事象で代用する働き）の発達が著しいことであり，見立てやふり遊びなどをさかんに行うようになる。また，言語発達が著しく，語彙数が爆発的に増加する。この時期の後半は直感的思考段階（4～7歳ごろ）とよばれ，言葉を使ってより複雑な思考や推論ができるようになるが，思考や推論が，まだ知覚的に目だつ特徴に影響されやすい。たとえば，コップの水を背の高い別の

直感的思考段階

コップに移しかえると，水の量が増えたと考えるといったように，保存の概念がまだ不十分であるのもこの時期の特徴である。また，自分とは異なる視点からのものの見えなどを推測することもむずかしい（自己中心性）。

③具体的操作期（7，8〜12歳ごろ）

　前操作期のように判断や思考が知覚的に目だつ特徴に左右されることが少なくなり，具体的に理解できるものに関しては論理的な推論ができるようになる。上述した保存の概念を調べる課題では，水は足されたり減らされたりしない限り，たとえ見かけが変化してもその量は変化しないという理解を示す，すなわち，保存の概念（保存性）を獲得するようになる。また，自分以外の視点からのものの見え方も認識できるようになる（脱中心化）。しかし，具体的なことがらについては理論的な推論ができるが，ことがらの抽象度が高くなるとそれがむずかしくなる。

④形式的操作期（12歳以降）

　この時期になると，ものごとを抽象的にとらえることができるようになり，具体的事象をこえて完全に抽象的なことがらについても論理的な推論ができるようになる。また，「もし…ならば…である」といった，仮説的な推論が可能になり，確率の概念なども理解できるようになる。

(2) 思考の発達のしくみ

　ピアジェは，子どもが知識を獲得したり，上述した発達段階のある段階からその上の段階へと移行していくしくみを，同化と調節によるシェマの変容過程（均衡化）としてとらえている。まず，シェマとは，外界の情報を処理するための活動様式や認識様式のことで，たとえば，知覚した物体をつかんで口にもっていくような感覚運動的なシェマから，「羽があり飛ぶものを鳥とよぶ」といったような概念的シェマなど，さまざまな種類のシェマがありうる。また，同化とは，外界からの情報を，自分が今もっているシェマに合わせて認識することである。たとえば，「羽があり飛ぶものを鳥とよぶ」というシェマをもっている子どもが，空を飛ぶカラスを鳥であると認識したときには，その子どもは同化を行ったといえる。次に，調節とは，同化とは逆に，外界の情報に合わせて，自分のシェマを変化させることである。たとえば，その子どもが，池に

〔欄外〕
保存の概念
具体的操作期
形式的操作期
同化
調節
シェマ
均衡化

飛んできて泳いでいる白鳥を見たときに,「泳ぐことのできる鳥もいる」というように,鳥についてのシェマを修正したならば,調節が行われたといえる。

均衡化とは,同化と調節の両方の働きを考えに入れた概念である。子どもが新しい情報を得たときには,自分のシェマとの不一致に気づいて不満になる(不均衡の状態)。しかし子どもは,自分のシェマを修正することによって(調節),より高次なシェマを手に入れて安定する(均衡化の状態)。そして,そのシェマに合わせて他の情報を認識するようになる(同化)。

2. 新生児期・乳児期の発達

(1) 原始反射

人間は誕生時,身長は約50cmで体重は約3000gである。新生児には,生まれつき備わっている原始反射(新生児反射)という現象が起きる。反射とは,中枢神経系のより下位の脊髄などに支配された反射的で無意識の運動であり,多くは生後3〜5か月くらいまでに消失する。反射の代表的な例としては,吸い付き反射(口の中に入ってきた物に吸い付く),把握反射(手のひらや指にさわった物を握りしめる),バビンスキー反射(足の裏をさするとつま先が伸びて指と指の間が広がる),モロー反射(仰向けの状態で頭部の支えを急になくすと万歳のようなしぐさをする),歩行反射(身体を支え床に立たせると歩くようなしぐさをする)などがあげられる。

― 原始反射
― 吸い付き反射
― 把握反射
― バビンスキー反射
― モロー反射
― 歩行反射

(2) 運動機能の発達

新生児期以降,2足歩行ができるまでの運動機能の発達は,個人差はあるがおおよそ次のようになる。生後約3か月で首がすわるようになり,約半年で寝返りをうてるようになる。7か月ごろになると1人で座ることができるようになり,8〜9か月になるとつかまり立ちをするようになる。1歳前後になると,1人で立ち上がれるようになり,少し歩けるようになる。そして,1歳半ごろにはあまり転ばずに安定して歩けるようになり,2足歩行がほぼ完成する。

(3) 愛着の形成

　乳児期における最も重要な課題の1つは，養育者との間に愛着（アタッチメント）が形成されることである。乳児が泣いたり微笑んだり養育者をじっと見つめたりすると，それに応えて養育者はあやしたり微笑みかえしたり話しかけたりし，さらにそれに反応した乳児の反応にまた養育者が反応する。このようなやりとりをくり返していく中で，乳児と養育者の間には情緒的な強いきずなができていく。このような，特定の人物（とくに母親）への強い情緒的結びつきを，ボウルビィ（Bowlby, 1969）は愛着とよんだ。

　生後8か月ごろになると，多くの乳児は，見知らぬ人に対して接触を拒んだり泣き叫んだりするような反応，いわゆる人見知りをするようになる。これは，このころの乳児が明らかに養育者と他者とを区別し，養育者との愛着が形成されていることの現れであるといえるが，人見知りが始まる時期や強さについては個人差が大きい。

　また，この時期の赤ちゃんにとって，温かい身体接触（スキンシップ）がいかに重要であるかを示す，ハーロウとメアーズ（Harlow & Mears, 1979）による代理母の実験がある。この実験では，2種類の代理母（針金製とやわらかい布製）を準備し，生まれたばかりの子ザルがどちらの代理母のもとで過ごすかをさまざまな条件下で調べた。その結果，子ザルは布製の代理母のほうで過ごす時間のほうがはるかに長く，針金製母からはミルクが出て布製母からは出ない条件であってもその傾向は変わらなかった。このことから子ザルは肌触りのよい代理母を好むことが明らかなり，温かい身体接触の重要性が示唆された。

(4) ことばの獲得

　乳児期には，ことばの獲得の準備段階である0歳の時期をへて1歳前後に初めてある程度の意味をもったことばである初語が獲得され，その後，1歳後半ごろから急激なことばの増加がみられる。

　まず，新生児が生まれて初めて発する音声が産声である。産声は，誕生と同時に初めて空気が身体に入り，それが反射的にはき出されるときにでる音声であり，声というよりは音に近いものである。この後，生後2～3か月までは，

愛着
アタッチメント

ボウルビィ

人見知り

ハーロウ
代理母の実験

初語

泣き声など不快なことに対する反応としての音声が大半をしめる。生後3～4か月になると，泣き声とは異なる特徴的な穏やかな声を発するようになる。これを喃語といい，初期の喃語は「アー」「ウー」などの単音で，やがて「ウーアー」のようにくり返したりほかの音と組み合わせるなどバリエーションが増え，5～7か月ごろに最もさかんになる。喃語には伝達の意図はないが，音をだすこと自体を楽しむと同時に発声の練習にもなっている。また，周囲の大人はこの喃語に合わせて微笑んだり語りかけたりするようになり，コミュニケーションの始まりとしても，大きな意味をもつ。

　生後1年前後になると初めて意味をもったことばを発するようになり（初語），初語として出現しやすいことばとしては，母親や食べ物を表す「マンマ」などがあげられる。初語が出現してから生後1年半くらいまでは，1語文とよばれる1単語のみを使っての発話が中心で，使用できる単語数はおよそ50語である。しかし，1歳後半ごろから，語彙数が爆発的に増えはじめ，そのころには2つの単語を組み合わせた2語文を使用するようになる。

喃語

3. 幼児期の発達

(1) 自我の発達

　乳幼児期には養育者との結びつきが強くほぼ一体である中で，感覚と運動を通してしだいに自己と他者を区別するようになる。このあと，2，3歳ごろになると，知的能力や運動能力の発達にともない，身体的に養育者から離れて行動範囲が広がり，活動の種類も増えていく。これと同時に，養育者からは安全面からの禁止や干渉，食事や排泄のしかたなどのしつけの面からの強制をされることになり，子どもは，これに対して反抗や拒絶をするようになる。3，4歳ごろにおけるこのような傾向は第一反抗期とよばれ，自己を主張することによって，養育者とは異なる自分を認識する時期ととらえられ，いわゆる自我意識の芽ばえともいわれる。

第一反抗期

自我意識の芽ばえ

(2) 思考の発達

　幼児期は，ピアジェの発達段階における前操作期に相当する時期で，頭の中の心的イメージや記号，ことばなどの表象を通じて外界をとらえ，思考や推論を行うようになる。しかし，数の保存や量の保存，重さの保存の概念がまだ確立しておらず，知覚的な要因に判断が左右されやすい。

　また，この時期の大きな特徴として，他者視点からのものの見え方の推論に困難を示す自己中心性という特徴がある。ピアジェとイネルデ（Piaget & Inhelder, 1956）は，四角い板の上に配置された大，中，小の，3つの山の模型について，自分とは異なる位置にいる他者からの山の見え方を推理させる「3つ山問題」を用いて自己中心性を説明した。たとえば，自分から見て，手前に中くらいの山と小さい山，奥に大きい山が見える場合，自分の正面にいる人には手前に大きい山が見えている。しかし，自己中心性をまだ有している子どもは，自己の視点と他者の視点とを区別できず，自分の正面にいる人の見え方についても，自分と同じように奥に大きい山が見えていると考える傾向にある。

(3) 思考様式の特徴

　ピアジェ（Piaget, 1929）は，この時期の子どもは，先に述べたような，自分と自分以外の人や物が十分に分化していない自己中心性という特徴があることから，次にあげるような，いくつかの独自の思考様式がみられるとした。まず，アニミズムとは，石や太陽などの無生物に対しても，人間と同じように意識や感情などがあると考えることで，①すべての物に，②動く物に，③自力で動く物だけに，④動物だけに，意識がある，という4つの段階があるとした。ほかにも，考えたり想像したり，夢で見たことが客観的に実在すると考える実在論（実念論，リアリズム）や，事物はすべて人間の意図によって存在したりつくられていると考える人工論といった特徴も指摘している。人工論の例としては，太陽が輝いているのはだれかが火をつけたからだと考えるなどがあげられる。

　また，ウェルナー（Werner, 1948）は，未開人や幼児にしばしばみられる独特な知覚様式で，事物を客観的・幾何学的に知覚するのではなく，力動的に

相貌的知覚　動作や表情をともなって知覚することを，相貌的知覚とよんだ。たとえば，鋭角を含む四辺形を見て，それが無意味な幾何学図形であるにもかかわらず，「いじわるだ」と言ったり，コップが倒れているのを見て，「コップ，つかれてる」と言ったりするような例があげられる。

(4) ことばの発達

　幼児期のことばの発達は，たんに語彙数が増大していくだけではなく，話しことばの基礎が確立され，言語による基本的なコミュニケーションが可能になる。個人差はあるが，おおよそ2歳前までには「パパ　ダッコ」などの2つの語をつなげた2語文を発話するようになり，3，4歳ごろまでには基本的な文法事項が獲得される。この時期の後半の5，6歳ごろまでには，会話の基本的なルールも獲得され，より円滑なコミュニケーションが可能になる。

　また，幼児期後期は，他者とのコミュニケーションの手段としての言語の機能のほかに，思考の手段としての言語の機能を獲得し始める重要な時期である。ヴィゴツキー（Vygotsky, 1956）は，発達にともない，音声をともなう発話で他者への意志伝達がおもな機能である**外言**から，音声をともなわない心のなかの発話であり，思考の手段としての機能をもつ**内言**が分化していくことを指摘した。この時期の子どもには，遊びながらひとりごとを話すなど，何かをしているときに他者に対しての伝達の意図をもたない音声をともなう発話をしていることがしばしば観察されるが，これを自己中心的言語という。ヴィゴツキーは，この自己中心的言語を，外言から内言が分化していく途中の過渡的な言語形態であり，本来は内言として機能すべきものがまだ完全ではないために音声がともなう発話となって現われているとした。

4. 児童期の発達

(1) 環境の変化と身体の発達

　児童期には小学校への入学によって生活環境が大きく変化する。幼児期における生活の中心は家庭や幼稚園，保育園であったが，小学校というより大きな

規模の集団の中で，規律や秩序のある生活を要求される．小学校以外にも，地域やスポーツクラブでの活動など，生活の範囲がひろがり，さまざまな集団生活を通じて社会性を身につけていく．

また，児童期には筋肉，骨格，および神経系の発達が著しく，運動能力がさらに拡大・充実していき，速さ，正確さ，たくみさを増していく．走る，跳ぶ，蹴る，投げるなどの運動を多く行うようになり，児童期の後期には複雑で高度な運動能力を身につけ，組織化されたスポーツも可能になる．

(2) 仲間関係の発達

小学校の低学年までは，お互いの家が近かったり，たまたまいたのでいっしょに活動するなど，物理的，偶発的な外的要因で結びついていることが多く，その結びつきもあまり強いとはいえない．また，男女の区別なく遊ぶことも多い．

中学年から高学年にかけては，いわゆるギャングエイジとよばれ，気の合う仲間との安定的な関係を築くようになり，同性の同年齢からなる，4，5名から8名程度の仲間集団をつくるようになる．この集団の特徴としては，役割分担やリーダーの存在，集団だけに通じるルールや秘密の場所の存在などがあげられる．小林（1968）は，このような仲間集団において，子どもは自己中心的行動を捨て共同という社会的行動を身につけ，他人の権利を考え認めるようになるとし，ギャングエイジは児童の社会化促進の機能をもつとした．近年では，子どもの数の減少，安心して遊べる場所がないなどの理由から，こうした仲間集団が形成されることが少なくなってきている．

また，高学年になると，徐々に，親密な友人関係を築くようになる．この時期には，好きなタレントやゲームの話をしたり，悩みをうちあけあったり，自分と趣味や気の合う特定の数人の友だちと親密につきあう傾向がみられる．

(3) 論理的思考の発達

児童期は，ピアジェの発達段階における具体的操作期にほぼ相当する時期で，具体的な対象については，見かけの変化に惑わされずに論理的推論が可能になる．この時期には，コップの水を背の高い別のコップに移しても，水は足され

> ギャングエイジ

たり減らされたりしない限り，たとえ見かけが変化してもその量は変化しないという保存性の理解を示す。この理解は，「もとのコップにもどせば結局は同じである」といった可逆性の思考や，「移しかえたコップは背は高いが幅が狭い」といった2つの次元について同時に考えることのできる相補的な思考が可能になったことによる。また，この時期には自己の視点にとらわれることなく，複数の視点からのものの見え方を客観的に予測できるようになり，これを**脱中心化**という。前操作期では理解のむずかしかった，3つ山問題のような課題であっても，複数の地点からの見え方を予測できるようになるのである。

しかしこの時期は，見たり触ったり，具体的に直接体験できることがらについては論理的な操作や推論が可能であるが，直接体験できない仮説的で抽象度の高いことがらではそれがむずかしくなる。抽象的な概念や記号のみでの仮説的な推論や思考が可能となるのは，次の形式的操作期を待たなくてはならない。

(4) 素朴概念

素朴概念（**素朴理論**）とは，学校教育などの体系的な学習を通じて理論的に構築された科学的概念ではなく，日常的な経験や体験を通じて自然に獲得された概念や理屈のことである。素朴概念の代表的な例としては，成人であっても，空中に投げ上げた物体には重力のほかに上向きの力がかかっていると考えることなどがあげられる（図3-1）。とくに，幼児期から児童期にかけては，子どもが日常経験からさまざまな自分なりの素朴概念をさかんに構築していく時期である。素朴概念は，科学的概念と一致しないものが多いうえに，日常的にはうまく機能するために強固な既有知識となりやすい。科学的な事象の学習においては，いかに子どもの素朴概念を変容させていくかが重要な課題となる。

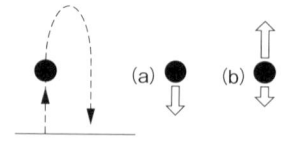

(問) 空中に投げ上げた物体にかかっている力を矢印で表しなさい。

(a) 正答：かかっている力は重力のみ

(b) 誤答：重力のほかに上向きの力がかかっている

◐ 図3-1 素朴概念の例

Column 3　心の理論

　心の理論とは，自分や他者の願望，信念，感情，意図などの心の状態に関する知識や，人の行動が，その人の考え，感情，意図に基づいていることの理解をさす（Perner, 1991; Perner & Lang, 1999）。近年の研究では，他者の感情理解や行動推測ができるためには，心の理論の獲得が不可欠であるとされている。

　この心の理論の獲得を査定する最も代表的な課題が，誤信念課題とよばれるものである。この課題では，子どもの目の前で人形などの小道具を操作しながら，たとえば次のような話を聞かせ，質問を行う。「花子さんが人形を部屋にある箱にしまったあと，外に遊びに行きました。花子さんがいない間に太郎君が部屋に来て，箱から花子さんの人形を出して戸棚の中に入れ，部屋を出ていきました。花子さんが部屋にもどってきて，人形で遊ぼうと思いました。さて，花子さんが，人形をとるために開けるのは箱でしょうか，それとも戸棚でしょうか？」

　大人であれば，この質問に対して，当然「箱」と答えるはずである。理由は「花子さんは人形が今は戸棚にあることを知らないから」である。しかし，4歳以前くらいの子どもは，「戸棚」と答える。この誤りは，子ども自身が「今は人形は戸棚にある」ことを知っているため，その知識がじゃまになり，そのことを知らない他者の行動予測ができなくなるために起きる。

　このような誤信念課題を使った研究は，80年代後半ごろからさかんになり始め，さまざまなタイプの課題が考案されている。どの課題であっても，おおよそ3歳では正答することができず，4～5歳ごろに過渡期となり，6歳になるとほとんどの子どもが正答するようになる。

　近年の研究では，幼児期において，心の理論の獲得と，Column 2で説明した実行機能の発達とには深い関連性があることが示されている。とくに，誤信念課題の成績と，実行機能の中の，ワーキングメモリや抑制制御の能力と関連が深いことが明らかにされている（Gordon & Olson, 1998; Carlson et al., 2004）。誤信念課題に正しく答えるためには，自分がもっている事実と一致している情報「人形は戸棚の中」と，他者がもっている事実には反する情報「人形は箱の中」の両方を頭の中に保持する必要がある。ワーキングメモリが未発達で容量が少なければ，2つの情報を同時に保持しながら何かの判断を行うことは困難となる。さらに，2つの情報のうち，他者の行動を推測するために適切な情報「人形は箱の中」を選択するには，事実と合致していてより優勢な自分の情報「人形は戸棚の中」を抑制制御する能力が必要となるのである。

4章 青年期以降の発達

1. 青年期と発達課題
2. 青年期の身体発達と知的発達
3. 青年期の人格形成
4. 道徳性の発達
5. 成人期と老年期

1. 青年期と発達課題

(1) 青年期とは

<small>青年期</small>　　青年期は，子どもから大人への移行期にあたる。その始まりは，一般に第2次性徴などにみられる身体的，性的成熟が開始される時期と考えられており，年齢としては12〜13歳ごろがそれにあたる。青年期の終わりは始まりに比べて基準が明確ではないが，一般的に心理的，社会的自立がその時期と考えられており，年齢としては22〜23歳ごろがそれにあたる。この時期を学校制度に対応させれば，中学生，高校生，大学生の年代がそれにあたり，それぞれ青年前期（思春期），中期，後期として区分されることもある。青年期という時期は，社会文化的条件による影響で変動すると考えられ，現代では20代半ばすぎくらいの年齢まで青年期が延長化されているとみられている（加藤，1997）。

　青年期という時期は，以上の特性から疾風怒濤，第2の誕生，境界人（マージナルマン）の時期などとよばれてきた。青年期に入ると生理的・性的成熟にともなって感情が不安定になり大きな変動がみられるようになる。疾風怒濤とは，青年期の感情生活に大きな動揺のみられることをさしている。第二の誕生とは，青年期の前半で身体的・性的に成熟し，後半で自我意識や社会的意識が発達することをさしている。そして，境界人とは2つ，あるいはそれ以上の集団のいずれにも完全に所属していない人のことを意味している。青年は，子ども集団と大人集団の中間に位置しており，その意味で境界人ともいえる。境界人は，過敏，自意識過剰，劣等感，不安などの特徴をもつが，周辺人としての青年も同様な心理的特徴をもっていると考えられる。

<small>疾風怒濤</small>
<small>第二の誕生</small>
<small>境界人</small>

(2) 青年期の発達課題

　ハヴィガースト（Havighurst, 1972）は，青年期の発達課題として，①同年代の男女と新しい成熟した関係を結ぶ，②男性あるいは女性の社会的役割（性役割）を身につける，③自分の身体を受け入れ，効率的に使う，④親や他の大人たちから情緒面で自立する（心理的離乳），⑤結婚と家庭生活の準備をする，

<small>心理的離乳</small>

⑥職業につく準備をする，⑦行動の指針としての価値観や倫理体系を身につける，⑧社会的に責任ある行動をとりたいと思い，またそれを実行するの8項目をあげている（表2-1参照）。

大人になるとはどのようなことか，どのようになれば大人になったといえるのか。ハヴィガーストが提示したこれらの発達課題は，青年が大人になることの1つの基準として参考にすることができる。

2. 青年期の身体発達と知的発達

(1) 発達加速現象

青年前期の思春期段階の身体発達は著しく，思春期スパートとよばれている。また，時代とともに身体の発達速度が速くなることを発達加速現象という。この現象には，身長や体重などの量的側面の成長速度が年々加速する成長加速現象と，初潮，精通などの性的成熟や質的変化の開始年齢が早期化する成熟前傾現象がある。これらの加速傾向は，異なる世代間の発達速度の差として現れる場合（年間加速現象）と，同一世代で地域，階層，民族などの異なる集団間における発達速度の差として現れる場合（発達勾配現象）がある。

発達加速現象をもたらした原因としては，まず栄養事情の向上があげられる。わが国の青少年の体格が第二次大戦後急速に増大したのは，栄養事情が改善したからといえる。しかし，栄養事情が一定の水準に達してから以降も発達加速現象の進行がみられることは，この要因のみで説明することに限界のあることを示している。

現在考えられているその他の要因として，生活様式の変化があげられている。都市化に代表される現代社会の変貌が生活様式に多様な変化を生み出し，そのことが発達加速に影響を及ぼしたという考えである。変貌する社会から発せられるさまざまな刺激が，子どもの生理的，心理的体制に作用したという考えである。このことは，生活水準や社会階層の違いが子どもの身体の成長に影響し，より高い生活水準や社会階層の子どもに発達加速の傾向が強いことなどからも推測することができる。

思春期スパート
発達加速現象

(2) 第2次性徴

第2次性徴　青年期の身体発達のもう1つの特徴に第2次性徴の発現がある。男子は，肩幅が広くなり，筋肉的で角ばった体つきになり，声変わり，ひげや陰毛，腋毛の発生，そして精通現象などが現れる。女子は，骨盤の発達や皮下脂肪の増加にともない，肩や腰などの筋肉に丸みがつく体つきになり，乳房の発達，陰毛や腋毛の発生，そして月経の開始などを示す。

　第2次性徴の受け止め方には男女差があり，一般に男子はみずからの身体的・性的変化を肯定的に受け入れる傾向が強いが，女子は否定的に受け止める傾向がある。したがって，みずからの性とその成熟を肯定的に受け入れていく教育が必要である。また，第2次性徴の発現によって一般に男子は身体を使う行動をより好むようになり，また社会的な活動がより多くみられるようになって，男性らしい性格傾向を形成していくという変化がみられるようになる。一方，女子は受身的で情緒的な行動をより好むようになって，より女性らしい性格傾向を形成するような変化がみられるようになる。男らしさや女らしさといった性役割を獲得し，そのことがみずからの人格形成にも影響を及ぼしていくようになる。

(3) 知的発達のピーク

　青年期は，知的発達の面でも特徴的な変化を示す。その量的側面は，知能検査で測定される知能得点の増加によって，また質的側面は思考様式の変化によって現れてくる。

　知能得点の発達は，青年期にそのピークを迎え，成人と同じ水準に達する。また，脳重量もこの時期に最も重たくなり，男子で平均1350g，女子で平均1250gとなる。このように，知能の量的側面は青年期でそのピークを迎えるのだが，知能の質的側面の変化は青年期の心理と行動により大きな影響を及ぼしていく。

(4) 形式的操作段階の思考

　ピアジェ（Piaget, 1952）は，子どもの知能の発達段階を感覚運動期，前操

作期，具体的操作期，そして形式的操作期の4段階に区分している。青年期は，最終段階の形式的操作期にあたる。この段階では，抽象的な対象に対する理論的思考が可能になり，仮説を立てて考えることが可能になる。

つまり，形式的操作期の思考は具体的，現実的内容に限定されることなく，抽象的，仮定的内容についても論理的に操作できるようになる。愛とか信頼などの抽象的な言葉を理解したり，水が水素と酸素の原子から構成されていることを理解するような，抽象的，仮説的思考ができるようになる。「～だから，こうなのだ」「もし～ならば，どうなるか」といった論理的思考，仮説演繹的思考による問題解決方略が青年期の思考の中心になる。彼らは，仮説を立てて予想し，系統的な方法を使って検討し，仮説が正しいかどうかを論理的に検証しようとする。

青年期の形式的操作の知能の発達は，自分自身について考える内省能力を高め，人生について，社会や政治についてみずから考え，また仲間と議論する能力をうながしていく。

3. 青年期の人格形成

(1) フロイトの人格構造論

自分や人の行動や態度，あるいはものの感じ方や考え方などから，私たちはあの人は社交的で明るい人だとか，内向的で冷静な人だなどと判断する。こうした個人の行動や感情，あるいは思考を特徴づけ，方向づけている内的システムを人格（パーソナリティ）とよんでいる。人格とは，個人を特徴づけている行動と思考を決定している精神身体的システムであって，その個人の内部に存在する力動的な組織であると定義される。青年期は，人格形成の最も重要な時期とみられている。

人格の中核の役割を果たし，自分を一貫した自分として感じ，首尾一貫した考えや行動をとることができるのは自我の働きによると考えられている。人格の発達は，この自我の発達に深くかかわっている。自我の発達を軸に，人格の発達をモデル化したのが精神分析学者フロイトである。フロイト（Freud,

フロイト

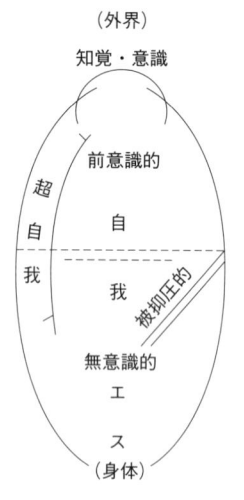

● 図4-1 フロイトの人格構造
（Freud, 1932より作成）

1932, 1972）は, 人格をエス（イド）, 自我（エゴ）, 超自我（スーパーエゴ）の3つの要素からなる人格構造論を提唱している（図4-1）。

　エスは, 無意識の層に抑圧された心的エネルギーの貯蔵庫であり, 身体的側面とつながって本能的欲求や衝動の源泉になっている。また, エスは自我と超自我にエネルギーを供給している。自我は, 人格の意識の層にあって, 現実社会の要請とエスからの欲求を調整して, 適応的で現実的な行動を選択する働きをする。超自我は, しつけや教育を通して内在化されたものであり, 自己の判断や行動を監視する道徳性や良心の役割をもっている。また, 超自我はエスに対してはその本能的欲求を抑圧するように働き, 自我に対しては現実的な判断や行動をより道徳的, 理想的なものにするように働きかける。

(2) フロイトの心理性的発達段階論

　フロイトは, 自我の発達をリビドー, すなわち本能的エネルギーの発達に対応するものと考えている。つまり, 未分化なリビドーが分化していくことによって自我の発達がもたらされるのである。リビドーが向けられる身体部位（性感帯）を基準にして, フロイトは自我の発達を5つの段階に区分する心理性的

発達段階論を提唱している。この発達段階論の特徴は、子どもの成長にともなって、リビドーが定められたプログラムにそって変化していく身体基盤の上に現実生活での経験を統合していくことで人格が形成される、というところにある。

　第1段階は、口唇期（誕生から1歳半）である。リビドーは口唇部に向けられ、吸うこと、しゃぶることが活動の主体となる。乳児にとって、これらの行為そのものが快感をもたらす。第2段階は、肛門期（1歳半から3歳）である。リビドーは肛門部に向けられ、排泄にかかわる活動が関係する。排泄することや排泄をがまんすることが快感をもたらす。第3段階は、男根期（3歳から6歳）である。リビドーは性器部に向けられ、性器にふれることで性的快感を得るようになる。この時期の後半には異性の親への愛着、同性の親への同一視、さらに罰せられることへの不安の心理メカニズムから、男児のエディプスコンプレックス、女児のエレクトラコンプレックスが生まれる。第4段階は、潜伏期（6歳から11歳）である。性的欲求や攻撃的空想は抑圧されて潜伏する時期で、学童期がほぼこの時期にあたる。子どものエネルギーは、仲間とのスポーツやゲーム、知的活動に向けられるようになる。

　第5段階は、性器期（11歳から20歳）である。思春期に入ると再び性的欲求が高まり、異性を愛する行動がみられるようになる。ここで求められるのは、性器のための快感ではなく、人を愛して性器を本来の役割である生殖のために使うことの快感である。つまり、性器を通じて精神的にも肉体的にも他者とつながり、他者を愛するようになるのが性器期なのである。したがって、性器期の愛情は対象愛ということになる。自己愛のように、リビドーが自我に向かい自分を愛することで快を感ずるだけでなく、相手を愛することにより大きな快を感ずるようになるのが対象愛なのである。青年期にあたる性器期の課題は、両親から自分自身を解放することにある。異性の親への愛着を解き、同性の親との競争を解決して、自分自身の異性を見つけ、親の支配から自由になることを求めるのである。

(3) エリクソンのライフサイクル論

　エリクソン（Erikson, 1959）は、フロイトの人格発達論に社会的心理学的

● 表4-1　エリクソンのライフサイクル論（Erikson, 1959より作成）

発達段階	年齢	発達課題
乳児期	0～1歳半	信頼　対　不信
幼児期	1歳～3歳	自律性　対　恥と疑い
遊戯期	3歳～6歳	自発性　対　罪悪感
学童期	6歳～11歳	勤勉性　対　劣等感
青年期		同一性　対　同一性拡散
初期成人期		親密性　対　孤独
成人期		生殖性　対　停滞
成熟期		自我の統合　対　絶望

ライフサイクル論

な視点を加えて独自の人格発達論を構築した。エリクソンの人格発達論は，ライフサイクル論（心理社会的発達論）として知られている。ここで彼は，人の生涯を心理社会的危機を規準に人間のライフサイクルを8つの発達段階に区分している（表4-1）。人は，各発達段階でこれらの心理社会的危機を経験し，それを乗り越えることによって健全な人格を形成していくと考えられている。しかし，それに失敗すれば種々の適応障害に陥ることになるのである。

　エリクソンのライフサイクル論は，人格の発達を生物学的欲求と社会的要求との交互作用によるものと考え，8つの発達段階にそれぞれ特有の危機を想定した。人格の発達は，この危機を個人がどのような経験を通して解決していくかにかかっている。エリクソンは，フロイトと同じように自我を生物学的衝動であるエスと社会的規範である超自我との葛藤を，現実原理にしたがって調整する働きをするものと考えている。この自我こそ，発達上の危機を経験し，それを解決する心的構造そのものとみなしている。自我が，直面する危機を解決できれば発達は促進され，そうでなければ発達は妨げられてしまうのである（永江，2012）。

(4) 自我同一性の確立

　ライフサイクルにおける青年期は，「同一性　対　同一性拡散」の段階にあたる。青年期は，急激な身体的・性的発達にともなって児童期までに形成された自己がおびやかされ，新たに「自分とは何か」を求めることを通して自我同一性（アイデンティティ）を確立する時期である。エリクソンによれば，青年

自我同一性（アイデンティティ）

期は大人と同じように社会的責任や義務を果たすことを一時的に猶予されているモラトリアムの時期であるとしている。この時期に，青年はさまざまな実験的，遊戯的な経験をすることを通して，自分とは何者であり，何をなすべきかという，一貫して統一した自己概念（アイデンティティ）を獲得していくのである。

モラトリアム

アイデンティティの確立ができないと，自分が何者か，何をなすべきかがわからない，アイデンティティ拡散の状態になってしまう（永江, 2000）。小此木（1978）は，アイデンティティを確立せず，モラトリアムの状態を続ける青年をモラトリアム人間とよんだ。

4. 道徳性の発達

(1) ピアジェの道徳理論

社会一般に受け入れられている規範や原理に行為が自律的に一致する心性を道徳性といい，それとほぼ同じ意味をもつものとして良心が用いられる。道徳性の発達にかかわる理論として，ピアジェ（Piaget, 1932）とコールバーグ（Kohlberg, 1969）による道徳理論がある。

道徳性の発達

道徳理論

ピアジェは，道徳性の発達について他律的道徳性から自律的道徳性へと発達していく過程を明らかにしている。6歳ごろまでの子どもは，大人への一方的な尊敬が強く，また自己中心的な認知傾向が強いことから，大人の権威に則した，また自己の利益に則した道徳判断をしやすい（他律的道徳性）。しかし，9歳ごろになると大人による拘束という社会的関係から相互的尊敬に基づく社会的関係に変容していくこと，また認知面での自己中心性が脱却されていくことから，相互の同意に基づいた，また自己の判断に基づいた道徳判断ができるようになる（自律的道徳判断）。

道徳判断

(2) コールバーグの道徳理論

ピアジェの理論を発展させたのが，コールバーグの道徳性の発達段階論である。この理論は，前慣習的水準，慣習的水準，後慣習的水準の3水準に分けら

コールバーグ

| 3水準6段階説 | れ，さらにそれぞれの水準が2つの段階をもつ構造の3水準6段階説（各水準2段階）になっている。

| 前慣習的水準 | 　前慣習的水準では，子どもは自己の行動の結果に方向づけられており，罰を避け，報酬を手に入れることが善であり，その逆が悪であると判断する。つまり，行動の規準は自分本意に決定され，社会的慣習を考慮に入れない水準である。慣習的水準では，子どもは他者の期待および慣習的な方法で行為することに方向づけられており，行動の規準が他者の期待や他者からの承認，あるいは社会的慣習に基づいている水準である。そして，後慣習的水準では，子どもは抽象的な道徳的価値と自己の良心に方向づけられている。つまり，行動の規準が他者の期待や社会的慣習に基づくことから，自己の良心と人間の尊重に目覚める水準である。

　前慣習的水準の道徳判断は児童期を通して低減し，青年期に入って慣習的水準，そして後慣習的水準の道徳判断が順次発達してくる。

5．成人期と老年期

(1) 成人期と発達課題

　青年期が終わり老年期が始まるまでを成人期という。ハヴィガースト（Havighurst, 1972）は，成人期を早期成人期（18〜30歳）と中年期（30〜60歳）に分けて，それぞれの発達課題を示している。ハヴィガーストの早期成人期は，エリクソン（Erikson, 1959）のライフサイクルの初期成人期と，また中年期は成人期と，それぞれ若干の年齢差はみられるがおおむね対応しているとみることができる。

　早期成人期の発達課題は，①配偶者の選択，②結婚相手と暮らすことの学習，③家庭をつくる，④育児，⑤家の管理，⑥職業の開始，⑦市民としての責任を引き受ける，⑧気の合う社交集団を見つけるの8項目である（表2-1参照）。

　また，中年期の発達課題は，①十代の子どもが責任を果たせる幸せな大人になるように援助する，②大人の社会的な責任，市民としての責任を果たす，③職業生活で満足のいく地歩を築き，それを維持する，④大人の余暇活動をつく

り上げ，⑤自分を1人の人間としての配偶者に関係づける，⑥中年期の生理学的変化の受容とそれへの適応，⑦老いていく親への適応の7項目である（表2-1参照）。

　エリクソンの初期成人期は，他の大人との親密な関係をつくる親密性対孤独の段階にあたり，親密な関係をつくれないと孤立し，孤独となってしまう。成人期は，子どもを産み育てる生殖性対停滞の段階にあたり，それがうまく達成できないと停滞が起こると考えられている。

初期成人期

成人期

(2) 老年期と発達課題

　老年期は発達の最後の段階にあたり，人間としての完成を迎える時期であり，個人としての真価が問われる時期である。ハヴィガーストは，老年期（60歳以降）の発達課題として次の6項目をあげている。①体力と健康の衰退への適応，②退職と収入の減少への適応，③配偶者の死に対する適応，④自分の年齢集団の人と率直な親しい関係を確立する，⑤柔軟なやり方で社会的な役割を身につけ，それに適応する，⑥満足のいく住宅の確保である（表2-1参照）。

老年期

　ハヴィガーストの老年期は，エリクソンのライフサイクルの成熟期にほぼ対応している。成熟期は，自分の過去の出来事と現在の自分の状況を統合して円熟した境地に達する自我の統合対絶望の段階にあたり，統合ができないと絶望の生き方になると考えられている。

成熟期

Column 4　道徳判断をする脳

　子どもの道徳判断を調べる課題に,「暴走トロッコのジレンマ」がある。その課題の1つは,次のようなものである。トロッコが走っている時に,運転手が気絶して制御できなくなってしまった。このままでは線路の先にいる5人がトロッコにひき殺されてしまう。今,あなたは線路の分岐ポイントに立っている。ポイントを切り替えれば,トロッコを別の線路に導いて5人を助けることができる。しかし,別の線路には1人の人が立っており,ポイントを切り替えればその人がトロッコにひき殺されてしまう。どちらの線路の人も逃げる暇はない。あなたはどうするか,と問われる。

　この課題と比較されるもう1つの課題は,次のようなものである。運転手が気絶して制御できなくなったトロッコが走ってくる。その先には5人がいて逃げることができない。今,あなたは線路の上の歩道橋に立っている。上から重い物を落とせばトロッコを脱線させ,5人を助けることができる。しかし,あなたのそばには1人の人がいるだけである。5人を助けるためには,あなたが自分の手でこの人を歩道橋から突き落とし,その人を死に追いやらねばならない。あなたはどうするか,と問われる

　論理的にはトロッコを分岐させることも,1人を突き落としてトロッコを脱線させることも,5人を助けるために1人を死に追いやるという点では等しいといえる。最初の課題では,多くの人がポイントを切り替えることで1人を犠牲にすることは許されると答えたのに対し,2つ目の課題では自分の手で1人を犠牲にすることは許されないと答えた人が多かった。2つの課題で異なる点は,最初の課題では1人の死はポイントを切り替えた行為者の直接の意図によるのではなく,5人を助けるために行った副次的な出来事によると考えることができるのに対し,2つ目の課題では行為者の直接の意図と行動によって1人が死ぬということである。

　この2つの課題を行っている時の脳の活動をfMRIという装置で測定してみると,活動の部位が異なることをグリーンら(Greene et al., 2001)が示している。最初の課題では,前頭葉の前部にあたる前頭連合野の背側部が主として活動していたのに対し,2つ目の課題では前頭連合野の腹内側部(内側部と底部),および後部帯状回が主として活動していたのである。つまり,ものごとを論理的に判断する時にはたらく脳と,倫理的に判断する時にはたらく脳がそれぞれあり,そのなかで前頭連合野の腹内側部は道徳判断により関係する脳領域であることが指摘されている。グリーンの研究は,適切な道徳的な判断をするにはものごとを論理的に考えるだけでは十分ではなく,内的葛藤を認知し,情動的反応を調整する自己統制力がさらに必要だということを示している(永江, 2010)。

5章
学習のしくみ

1. 学習とは
2. 古典的条件づけ
3. オペラント条件づけ
4. 認知説

1. 学習とは

(1) 学習の定義

「学習とは何か？」と問われてみなさんはどのように答えるだろうか。多くの人が，学校でさまざまな教科の内容に関する知識や技術を勉強するような状況を思い浮かべるのではないだろうか。心理学では一般的に学習を「経験によってもたらされる比較的永続的な行動の変化」と定義する。したがって，成熟を原因として生じた行動の変化や，お酒を飲んで一時的におしゃべりになったといったような行動の変化は学習には含まれない。

また，場面や内容も学校教育の範囲だけに限定されていない。日常生活のさまざまな文脈で生じる行動の変化が学習に含まれる。学習の主体も人間だけに限定されておらず，動物の学習なども心理学の主要な研究対象となる。実際に古典的な学習理論の多くは，動物を対象とした研究によって示されてきた。

(2) 学習の理論

人間の心をどのように研究すべきか，という問いに対する考え方の違いによって学習を研究する際の立場も大きく異なる。本章ではとくに，行動主義と認知説という2つの立場から提唱されてきた学習理論を紹介する。

> 行動主義
> 認知説

行動主義は，心理学は直接観察可能な行動のみを研究の対象とすべきだという立場であり，その学習理論は条件づけという考え方に代表される。条件づけとは，直接観察可能な刺激と反応の関係性に関する法則によって学習の過程を理解しようとする考え方である。

> 条件づけ
> 刺激
> 反応

認知説は，記憶や思考などのように，私たちの頭の中で行われている情報の処理（認知）が学習にとって重要な役割を果たすと考え，その過程を明らかにしようとする立場である。研究の対象を直接観察可能な刺激と反応だけに制限しないという点で，行動主義の学習理論とは大きく異なる。

> 認知

2. 古典的条件づけ

(1) パブロフの古典的条件づけ

　学習のしくみを説明するための考え方の1つに，旧ソビエトの生理学者であるパブロフ（Pavlov, 1927）が提唱した古典的条件づけ（レスポンデント条件づけ，パブロフ型条件づけ）がある。

　パブロフによる条件づけの実験では，肉を与える際にイヌが唾液を流す性質を利用して，イヌの口に肉を入れる直前に必ずメトロノームの音を聞かせる。このような手続きをくり返すと，イヌはメトロノームの音を聞くだけで唾液を流すようになる。図5-1はイヌの唾液を測定するための装置の例である。

　この結果を古典的条件づけの考え方では以下のように説明する。まず，特定の状況に対して有機体が示す活動である反応（唾液の分泌）と，その反応を引き起こす原因（肉を食べること）である刺激との連合が学習の基本となる。肉と唾液のように，学習主体が生得的に身につけている刺激と反応の組み合わせを無条件刺激と無条件反応とよぶ。この無条件刺激と無条件反応の連合を利用すれば，肉を食べさせるときには必ずメトロノームの音を聞かせるといった対提示をくり返すことによって，肉がない場合でもメトロノームの音だけで唾液を分泌するように学習させることが可能になる。すなわち，もともと無条件反

> パブロフ
> 古典的条件づけ
> レスポンデント条件づけ
> パブロフ型条件づけ

> 連合

> 無条件刺激
> 無条件反応
> 対提示

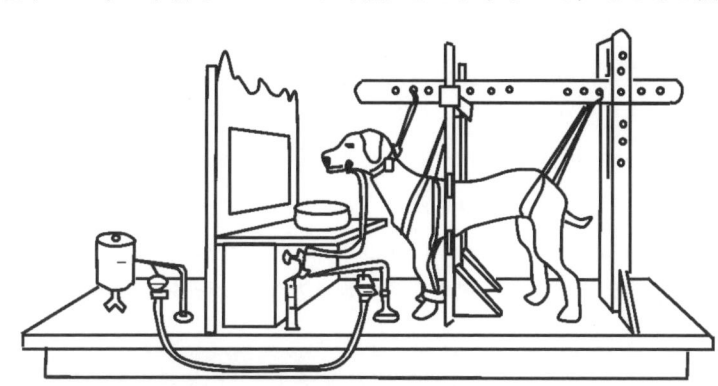

● 図5-1　唾液を測定する装置（Yerkes & Morgulis, 1909を参考にして作成）

応を引き起こす刺激ではなかったもの(メトロノームの音)を，新たな刺激として学習させていくというのが古典的条件づけの特徴である。メトロノームのように，学習によって新しく形成された刺激を**条件刺激**とよび，その条件刺激によって引き起こされた反応を**条件反応**とよぶ。同じ唾液を流すという反応であっても，その原因となる刺激の種類によって無条件反応と条件反応の区別がなされる。

　古典的条件づけの考え方を応用すればイヌに刺激の区別を学ばせることも可能である。たとえば，1分間に100拍で鳴っているメトロノーム(条件刺激)に対して唾液を分泌するように訓練をしたイヌは，80拍で鳴っているメトロノームを聞かせても同様に唾液を分泌する。このイヌに対して100拍の条件刺激にのみ肉を対提示し，80拍の条件刺激に対しては肉を対提示しないということをくり返す。するとイヌは100拍の刺激に対してのみ反応をするようになる。このように，複数の刺激を区別することを**弁別**とよぶ。

　弁別の学習過程で80拍のメトロノームに対してなされていたように，無条件刺激(肉)を対提示せずに条件刺激(80拍のメトロノーム)のみを提示するということをくり返すと，その条件刺激に対する条件反応が生じなくなる。このようにして一度生じた条件刺激と条件反応を排除する過程を**消去**とよぶ。

(2)　ワトソンの恐怖条件づけ

　ワトソンとレイナー(Watson & Rayner, 1920)は古典的条件づけのメカニズムを用いて，生後11か月のアルバートに動物への恐怖感情を学習させる実験を行っている。ワトソンは白いネズミをアルバートに見せ，アルバートがネズミに手をふれた瞬間にハンマーで鉄の棒をたたいて大きな音を出した。アルバートは大きな音が鳴ると驚いてしくしくと泣き始めた。このようにしてネズミと大きな音の対提示がくり返されるうちに，アルバートはネズミを見せられた瞬間に泣き出して逃げ出すようになった。このような反応は，ネズミという視覚的な刺激が恐怖反応を喚起する条件刺激として学習されたために生じたと考えられる。

　また，この反応はネズミとよく似た他の対象(ウサギやコートのファーなど)にも同様に生じた。とくに，イヌよりもウサギのような白いネズミの特徴に近

い対象に対してより顕著に恐怖反応が現れた。このように，条件刺激と類似した刺激に対しても反応が生じることを般化とよぶ。この学習はサンタクロースのマスクにまで般化し，アルバートはマスクにふれさせられると泣き出し，最終的にはマスクを見るだけで泣くようになった。

般化

3. オペラント条件づけ

(1) スキナーのオペラント条件づけ

　古典的条件づけの考え方では無条件刺激と無条件反応が学習の前提であった。しかし，私たちの行動のすべてがなんらかの無条件刺激に対する反応として生じているわけではない。たとえば，授業中の学生の挙手を引き起こす無条件刺激を想定することは非常に困難であろう。この場合の挙手のように，学習者の「自発的」「随意的」な行動（オペラント行動）に関する学習過程を説明する理論がスキナー（Skinner, 1937）によるオペラント条件づけ（道具的条件づけ）という考え方である。

オペラント行動
スキナー
オペラント条件づけ
道具的条件づけ

　オペラント条件づけの実験手続きではスキナー箱とよばれる装置が用いられる（図5-2）。一般的なスキナー箱の中にはレバーやボタンがあり，エサが出て

◉ 図5-2　スキナー箱（Mazur, 2006を参考にして作成）

くるための開口部がある。たとえば，ハトがこの箱の中に入れられると，光がついたキーを自発的につつくという自発的行動が偶然に生じる。そして，この行動の結果として開口部からエサの穀物が出てくる。このような手続きをくり返すうちに，ハトが光のついたキーをつつく頻度が高まっていく。このように，①ある状況や文脈といった弁別刺激（キーの光がつく）に対して，②ある自発的行動（ボタンをつつく）と，③その行動に後続した強化子（エサ）が与えられる，という強化の手続きをくり返すことで自発的行動の生起確率を学習以前の水準よりも増加させるというのがオペラント条件づけの考え方である。オペラント条件づけが道具的条件づけという名称でもよばれるのは，行動が強化子を得るための道具や手段となっているという事実を示している。

弁別刺激
強化子
強化

強化スケジュール　強化子をどのようなタイミングで与えるかという強化スケジュールによって，生起する反応のパターンが異なることも知られている（Ferster & Skinner, 1957）。毎回の反応ごとに強化子を与える固定比率スケジュールでは，強化後に反応が停止し，再び反応が開始されると次の強化まで高い割合で安定した反応が示される。毎回異なる反応数ごとに強化子を与える変動比率スケジュールのもとでは，強化後の休止は固定比率スケジュールと比べて非常に短くなり，高い割合で安定した反応が示される。固定時隔スケジュールは，反応の回数に関係なく一定の時間経過後の最初の反応に強化子を与えるという方法である。このスケジュールのもとでも強化後の休止がみられるが，その後はゆっくりと反応の割合が高くなっていくというパターンがみられる。一定時間経過後の最初の反応に対して強化を行うが，その間隔は強化子を与えるごとに変化するという変動時隔スケジュールに対しては，とくに長い休止もなく安定した中程度の比率での反応がみられる。

(2) プログラム学習

プログラム学習
スモールステップ

オペラント条件づけの考え方をもとにして開発された教授方法にプログラム学習がある（Skinner, 1968）。プログラム学習の特徴の1つがスモールステップの原理である。この原理に基づいて，ある能力を獲得させるための学習過程はフレームとよばれる小刻みなステップに分割される。たとえば，manufactureという英単語の綴りを教えるためという目的を達成するために，まずは単語を

見て書き写すというフレームから開始し，factory（つくる，つくる）や manual（手）といった語源を教えた後で，manu□□□□ureのように空欄を埋める形式のフレームで学習して，最後に綴りを記憶して書くフレームで学習する，といった流れで進行する。このように学習過程を細分化し，系列的に配置している点がプログラム学習の大きな特徴である。

スモールステップの原理を用いることで，最終的に綴りを書くことができたときだけに強化がなされるのではなく，各段階において複数回の強化を行うことができる。また，全体を細かなステップに分割しているために誤答することも少なく，学習者が嫌悪的な結果を得ることも最小限になる。

そのほかに，反応の正誤をすぐに学習者に知らせるという即時確認の原理もプログラム学習の特徴である。学習者の反応に対する結果を即時確認することで，目標となる行動を確実に強化することができるだけでなく，学習行動を強く維持することも可能であると考えられている。

即時確認

(3) 試行錯誤学習

ソーンダイク（Thorndike, 1911）は，オペラント条件づけが対象としているような動物の非反射的な行動が，経験の結果としてどのように変容していくのかを系統立てて調べた最初の研究者である。ソーンダイクの研究では，問題箱とよばれる小さな箱（約20インチの長さで高さが12インチ）の中に空腹の動物（ネコやイヌやニワトリ）が入れられ，そのようすが観察された。たとえば図5-3の問題箱の中に入れられた動物が箱から出て外に置いてあるエサを食べるためには，ボルトをつり下げているひもを引っ張り，別のボルトをつり下げている台を踏んで，ドアの留め具を外すという行動が必要である。

ソーンダイク

ソーンダイクの実験においてみられた典型的な問題解決のパターンは，問題箱の中に入れられた動物が箱の中を歩き回ってでたらめにいろいろな場所を探索し，その中で偶然に適切な反応を行い，最終的にドアを開けることに成功するというものである。このように，問題解決のための有効な手段が見いだされない場合に，とりうる手段を問題解決場面に試み的に当てはめ，試みと不成功をくり返すうちに解決を見いだそうとする学習を試行錯誤学習とよぶ。

試行錯誤学習

ソーンダイクは問題箱の中に同じ動物をくり返し入れて，その経験を通じて

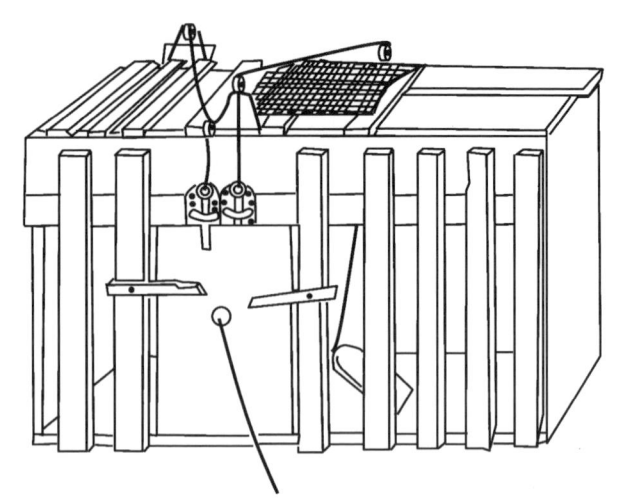

● 図5-3　ソーンダイクの問題解決箱（Thorndike, 1911を参考にして作成）

行動がどのように変容するかを調べた。その結果，問題箱にくり返し入れられる中で，動物が脱出のために費やす時間が減少していくことが明らかにされた。

効果の法則　この結果から，ソーンダイクは，効果の法則という学習の原理を提唱している。効果の法則とは，同じ場面で遂行された複数の反応の中で，その動物にとって満足をもたらす反応はその場面と強く連合する。そのため，それがくり返されると特定の場面において特定の反応が行われやすくなる。逆に，動物にとって不快をもたらす反応は，その場面との連合が弱くなり生起しにくくなるという考え方である。先ほどの問題箱の例で言えば，ドアを開けることにつながる行動をすると，それにともなって脱出やエサという満足がすぐに続く。その結果，場面と行動の結びつきが強くなり，その行動は同じ場面でくり返されやすくなるために脱出までの時間が短くなるという考え方である。

4. 認知説 ・・・

(1) 認知説とは

　　条件づけの学習理論は，刺激と反応の結びつきを基本とする考え方によって

学習の過程を説明しようとする立場をとる。これに対して，刺激と反応が結びつく際に，私たちの頭の中で行われていること（認知）が学習にとって重要な役割を果たすという認知説とよばれる立場がある。このような考え方が，人間の心をコンピュータのような情報処理機械の比喩によって理解しようとする発想と結びついて，記憶，思考，推論などの心の働きを研究の対象とする認知心理学へと発展していった。以下では，認知説のきっかけを示唆したと考えられている研究を紹介する。

認知説

(2) 洞察

ケーラー（Köhler, 1917）は，チンパンジーの問題解決過程を研究した。実験の対象となったチンパンジーは，天井からバナナがぶら下げられた部屋に入れられた。この部屋には木箱が置かれていた。チンパンジーは，天井のバナナをとるために最初はバナナに向かって跳躍をくり返したり，落ち着かないようすで部屋を歩き回ったりしていた。しかし，突如として箱の前に立ち止まって，箱をつかむと，大急ぎにまっすぐバナナの方向に箱を転がしていき，箱に上って跳躍してバナナをもぎとった。

ケーラー

ケーラーは，このようなチンパンジーの問題解決をさまざまな実験状況で観察している。たとえば，より高い位置にぶら下げられたバナナをとるために2つや3つの箱を重ねるような手続きが必要な状況や，遠くのバナナを引き寄せるために2つの棒を組み合わせることが必要な状況である。このような場合でも，最初はさまざまな方法を試してみるが解決にはいたらず，途中で一度周囲を見回すようなようすを見せる。その後，少しの間が生じるのだが，棒を組み合わせる課題で偶然に棒が一直線になって地面に置かれているのを見た後など，ある瞬間から全体の見通しをもったようによどみなく統一的に複数の行動を組み合わせて問題を解決し始めるようすがみられた。もしも，チンパンジーが試行錯誤を通じて問題を解決していたのならば，このような効果的な行動の連鎖は徐々に生じていたはずである。

このような観察内容からケーラーは，チンパンジーが問題場面におけるさまざまな活動を通じてなんらかの解決の糸口をつかみ，そこから瞬間的な洞察がもたらされることで問題解決にいたったと考察している。

洞察

(3) 認知地図

トールマン

　ネズミなどの動物が，学習によって空間関係の表象をもつことが可能であることを示唆する研究もある。トールマンら（Tolman, 1948）は，図5-4のような訓練用迷路を用いてネズミが迷わずにA地点からG地点のエサ箱まで走っていけるように訓練を行った。その後，図5-4に示した太陽のような形の迷路に課題を変更した。この迷路はスタート地点とゴール地点は訓練用の迷路と変わらないが，訓練用迷路での学習課題に該当する直進の通路は行き止まりになっている。そして，放射状に広がる通路が追加されている。

　実験の対象となったネズミは，訓練時と同様にA地点からスタートするが，訓練用迷路におけるCに該当する通路に入ると行き止まりになっている。そこで，円形の場所に再びもどってきた後，その他の通路から1つを選んで最後まで進むことになる。図の中の1～17の通路のうち，ネズミは他の通路と比べてとくに高い割合で6の通路を選んだ。この6の通路はエサ箱の入り口があった場所から4インチほど前の地点につながるものであった。

　このような結果から，トールマンらは，ネズミは最初の学習の結果として食べ物が置かれている位置に関する包括的な認知地図を獲得していたと考察している。

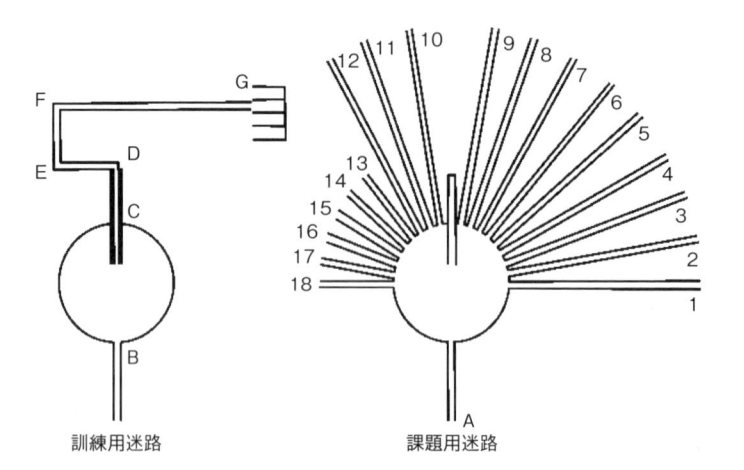

● 図5-4　トールマンが用いた迷路（Tolman, 1948を参考にして作成）

Column 5　学習をとらえる多様な視点

　この章で紹介した条件づけや認知といった考え方は，おもに個人の心の働きや行動に焦点を当てていると考えられる。それに対して，人間の心の働きを社会や文化とのかかわりといった視点から理解しようとする考え方もある。たとえば，ルリヤ（Luriya, 1974）は中央アジアの農民に対してカテゴリー分類を行わせるという研究を行っている。以下は，のこぎり，丸太，ハンマー，なた，を分類するという課題を実施した際の農民（シェル）と調査者とのやりとりである。

シェル：この4つはみんないっしょにできる！のこぎりは丸太をひくのに使うし，ハンマーは打ちつけるのに必要でなたはたたっ切るのにいるけど，それをよく切るためにはハンマーが必要だ！だからそこからはどれも取り去ることはできない。そこには余分なものはないんだ。

調査者：3つのものは「道具」という1つの語で呼べるけれども，丸太はだめでしょう。

シェル：それらをいっしょに使わないとすると，それらを1つの単語で呼ぶことにどんな意味があるんだね?!

　このやりとりを読んで，みなさんは農民（シェル）のカテゴリー分類の能力をどのように評価するだろうか。ピアジェの認知発達の理論を適用するならば，農民の思考は道具や材料といった抽象的な概念の形成に失敗する低次の段階にあると考えられるかもしれない。一方で，シェルは家をつくるといったような現実場面の実践に根ざした思考をしていると考えることもできる。つまり，シェルは抽象的な概念の形成に失敗しているのではなく，むしろ，自分が生きている状況においてより意味のある分類（この場合は分類しないことが意味をもつ）を積極的に選択していると理解することも可能である。

　学校で行われている学習についても同じように，一種の特殊な文化的状況で営まれているという視点からとらえ直すことが可能である。この視点の重要性を示しているのが有元（Arimoto, 1991）の研究である。有元は小学生に「4つのリンゴと7つのオレンジがあります。かけるといくつでしょう」や「体重6kgの小学生が8人います。全員で何kgになるでしょう」といった算数の問題を示した。しかし，このようなおかしな問題でも，学校で算数の問題として出題されると，調査対象となった小学5年生の80％以上が解答した。この結果からは「算数の問題だから意味を考える必要はない」といった，授業に参加するためのルールを子どもが獲得している可能性がみえてくる。

　子どもを理解することは教師に求められる重要かつ困難な役割である。行動レベル，認知レベル，社会・文化レベル，といった多様な視点から目の前の現象を重層的に理解していくことが，その第一歩となるのではないだろうか。

6章

記憶

1. 記憶の過程
2. 記憶の二重貯蔵モデル
3. ワーキングメモリ

1. 記憶の過程

(1) 符号化，貯蔵，検索

符号化
貯蔵
検索

記憶とは過去経験を保持し，後にそれを再現して利用する心の機能である。一般にその過程は符号化，貯蔵，検索の3つの段階から理解される。外から入ってくる情報は感覚的な刺激として入力される。その刺激を処理可能な情報に変換して記憶に保持しようとするまでの過程を符号化とよぶ。たとえば「フクオカキョウイクダイガク」という言葉は音（空気の振動）として耳に入り，その音は「福岡教育大学」という意味のある言葉に変換される。それに対して，日本語を知らない人の場合は「フクオカキョウイクダイガク」が何を意味しているのかわからないために意味への符号化を行うことが困難であり，音の情報をそのままの形式で記憶することになる。このような符号化の過程はその後の記憶の貯蔵や検索に大きく影響することが知られている。

次に，符号化された情報は記憶のなかに蓄えられることになり，この過程を貯蔵とよぶ。記憶には膨大な量の情報が貯蔵されている。そのなかから，必要な情報を探し出して取り出す過程を検索とよぶ。つまり，記憶に失敗するという場合に，記憶すべき内容を符号化して貯蔵できなかったという失敗と，貯蔵されている情報にアクセスできないという検索の失敗が考えられる。

(2) 再認と再生

再認（法）
再生（法）

記憶を想起するための方法には，大きく分けて再認（法）と再生（法）がある。たとえば，複数の単語が記載されたリストを記憶してもらってから一定の時間が経過した後で，リストの単語をいくつ記憶できているかを確認する実験を行うとする。再認法は，記憶している項目を確かめる方法として，リストに含まれていた単語と含まれていなかった単語を両方示し，それらの単語が先ほど記憶したリストにあったかなかったかを判断してもらうという手続きである。これに対して，再生法は記憶している単語を自分で思い出して記述してもらうような方法である。再生法には，学習時に示された項目を順序関係なく自

由に思い出してもらう自由再生や，手がかりに対して項目を思い出してもらう手がかり再生などがある。

　記憶をする際に，記憶をしようとする意図をもっているか否かが再認や再生の成績に関連することが知られている。後で記憶のテストなどが行われることを知っている状況で，記憶をしようとして学習する場合を意図的学習とよぶ。これに対して，記憶をしようという意図なしに学習が行われている場合を偶発的学習とよぶ。先ほどの単語リストを記憶する実験を例にとると，記憶をする段階ではリストを記憶するようには教示せず，代わりに「各単語の楽しさの程度を評定させる」といったような課題を行わせて，その後に不意にリストの記憶をテストするような場合である。単語を再生させる場合は，偶発的学習では意図的学習と比べて成績が悪くなるが，再認の場合は両者の間に顕著な差はみられなくなることが知られている（Estes & DaPolito, 1967）。

意図的学習
偶発的学習

(3) 忘却

　ドイツの心理学者エビングハウス（Ebbinghaus, 1885）は，時間と忘却の関係について自分を対象とする研究を行った。エビングハウスは無意味綴り（XEG，KIB，SABのような意味のない綴り）を完全に記憶し，1か月間でどのくらい忘れていくかを調べた。その結果，記銘後1日の間に約3分の2を忘れ，それ以降はゆるやかに忘却が進行することが示された（図6-1）。

エビングハウス

　忘却のしくみを説明する考え方の1つに干渉説がある。これは，思い出そう

干渉説

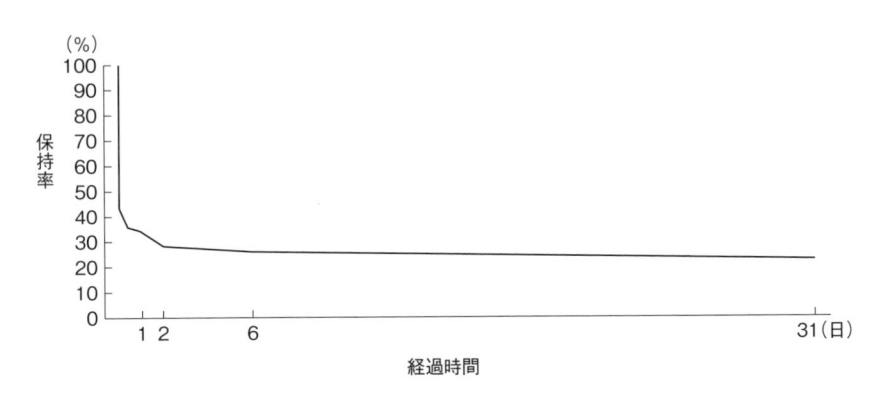

● **図6-1　忘却曲線**（Ebbinghaus, 1885のデータをもとに作成）

とする情報を他の情報が妨害することで記憶の検索に失敗する（＝忘却）という考え方である。ジェンキンスとダレンバック（Jenkins & Dallenbach, 1924）は，大学生に10項目からなる無意味綴りのリストを記憶させ，その後に眠らせた場合とふつうに活動させた場合とを比べてどちらの再生成績がよくなるかを検討した。その結果，起きていた場合の方が寝ていた場合よりも忘却の程度が大きいという結果を得ている。起きている場合には，記憶後にもさまざまな新しい情報が入ってくる。そのため，新しい情報の干渉が生じて記銘した項目の忘却が生じたと考えられており，上記の干渉説を支持する根拠とされている。

干渉には2つの方向性が考えられる。以前に学習したことが新たに学習したことに干渉して忘却を引き起こす場合を順行干渉とよび，新たに学習したことが以前の学習に干渉して忘却を引き起こす場合を逆行干渉とよぶ。

順行干渉
逆行干渉

2. 記憶の二重貯蔵モデル ・・・

(1) モデルの概要

二重貯蔵モデル

アトキンソンとシフリン（Atkinson & Shiffrin, 1968）は，保持時間の違いによって記憶を分類する二重貯蔵モデル（図6-2）という考え方を示している。このモデルでは感覚記憶（1～2秒），短期記憶（15～30秒），長期記憶（永続的）という保持時間の長さが異なる貯蔵庫に記憶が取り込まれると想定している。

短期記憶

まず，感覚記憶に取り込まれた情報は短期記憶に送られる。短期記憶の保持時間は限られており，何もしなければ15～30秒程度で情報が失われてしまう。そのため，短期記憶に記憶をとどめておくために情報を意図的ないしは無意図的に何回も反復して想起するリハーサルが重要となる。

リハーサル

◐ 図6-2 二重貯蔵モデル（Atkinson & Shiffrin, 1971を改変）

また，短期記憶を長期記憶に転送するためにもリハーサルが重要となる。ただし，たんに情報を反復すれば効果的に長期記憶になるというわけではない。記憶しようとする情報に対して深い水準の処理を行うことの重要性が指摘されている（Craik & Lockhart, 1972）。たとえば，ある言葉を記憶しようとする場合に，たんに短期記憶の中に情報をとどめておくためだけにその言葉をひたすら声に出して何度も言うような方法は維持リハーサルとよばれる。このようなリハーサルは，情報の視覚的側面や音の側面だけに注目させるような低い水準の処理をうながす方法であると考えられる。それに対して，自分の過去の経験をもとにしてイメージや物語を思い浮かべたり，さまざまな関連づけを行ったりするような処理は深い水準の処理である。このように，連想的，意味的な処理を行うリハーサルのことを精緻化リハーサルとよぶ。

維持リハーサル

精緻化リハーサル

　短期記憶や長期記憶の存在を示す根拠の1つとして，系列位置効果という現象がある。系列位置効果とは，リスト形式で示された項目を記銘した場合に，記憶課題の成績がリスト内での項目の位置によって影響を受けるという現象である。一般に，リストの冒頭部と終末部の項目の再生成績が向上するという再生成績のパターンがみられる。このうち，リストの冒頭部の成績が優れていることを初頭効果とよび，終末部の成績が優れていることを新近性効果とよぶ。また，リストの語を記憶した後に計算問題等の妨害課題を行ってから再生課題を行うと，初頭効果に影響はないが新近性効果は消失する（Glanzer & Cunitz, 1966）。最初に学習された項目はその後もくり返しリハーサルされるため長期記憶として残りやすい。それに対して，終末部の項目は再生までに長い時間が経過していないために短期記憶として保持されており，時間を空けて再生すると新近性効果が消失したと考えられる。

初頭効果
新近性効果

(2) 感覚記憶

　外から入ってくる情報は最初に感覚記憶として取り込まれる。この段階の記憶は視覚や聴覚などの感覚器が受け取った情報をそのままの形で短時間保持するようなものとして考えられている。とくに，視覚の感覚記憶をアイコニックメモリ，聴覚の感覚記憶をエコーイックメモリとよぶ。記憶が保持される時間はアイコニックメモリが1秒程度，エコーイックメモリが2秒程度である。

感覚記憶

スパーリング（Sperling, 1960）は部分報告法という方法を用いてアイコニックメモリの特徴を検討した。この方法では3×3などの配列で並べられたアルファベットの文字列が実験参加者に50ミリ秒だけ示される。その文字列が消えてから，さまざまな長さの遅延時間を設ける。その後，信号音を鳴らして，高い音の場合は1行目を，中位の音の場合は2行目を，低い音の場合は3行目の文字列を報告することが実験参加者に求められる。その結果によって，視覚から受け取った情報をそのままの形でどのくらいの時間保持できるかを推測するのである。もし，視覚的刺激を画像としてそのままの形式で保持できるような記憶が存在しないならば，文字列が消えた瞬間に報告できる文字数は一気に減少すると考えられる。

　しかし，実際の実験結果は，遅延時間が0.5秒のときは約90％の文字列を報告できるが，遅延時間が長くなるにしたがって報告できる文字数が徐々に減少し，遅延時間が1秒になったあたりで報告できる文字数が32％になるというものであった。このような実験結果より，1秒くらいの短い間だけ視覚的刺激をそのままの形で保持するような記憶が存在すると考えられている。

(3) 短期記憶

　短期記憶の容量はメモリースパンテストという方法で確認することができる。たとえば実験参加者に863といったようなランダムな数字の列を聴覚的に提示し，その直後に提示した順番通りに再生してもらう。徐々に数字の桁数を増やしていくと，ある段階で再生に誤りが生じる。この方法を用いて誤りなく再生できた情報（数字）の数をその人の短期記憶容量とみなすのである。実際にテストしてみると多くの人の記憶容量は7±2桁の範囲となる。ミラー（Miller, 1956）は，この記憶容量を「magical number 7±2」とよんだ。

　この7±2という情報処理容量の単位として，ミラーはチャンクという概念を示している。すなわち，人間の処理容量はおおよそ7チャンクということである。1チャンクは1つの情報のまとまりをさす。たとえば，45文字からなる英単語「pneumonoultramicroscopicsilicovolcanokoniosis」（塵肺症）を記憶しようとする。1文字ずつ記憶しようとすると45チャンクの容量を使用することになる。この情報量は，7±2の範囲を大幅に上回るために記憶することが非

常にむずかしい。しかし，この単語がpneumono（肺）＋ultra（超）＋micro（微細な）＋scopic（見る）＋silico（石英）＋volcano（火山）＋coni（ほこり）＋osis（病気の状態）という7つの単語の合成語であることを知るとこの単語の記憶は容易になる。なぜなら，意味のまとまりをもつ1単語は1チャンクを使用するため，45チャンクの情報量を7チャンクに圧縮しているからである。このように，自分がもっている知識などを用いて情報の区切り方を変えることで情報量を圧縮する方法をチャンキングとよぶ。

チャンキング

(4) 長期記憶

　短期記憶の情報のうち一部の情報が長期記憶へと送られる。この長期記憶はほぼ永続的に残る記憶であり，容量もほぼ無限だと考えられている。

長期記憶

　長期記憶を内容の観点で分類する考え方として，宣言的記憶と手続き記憶という区別がある（Shimamura et al., 1987）。まず，宣言的記憶とは日々の経験を通じて学んだ事実やエピソードなどのように意識的に考えることができる記憶である。この宣言的記憶をさらに，エピソード記憶と意味記憶に分類する考え方もある（Tulving, 1972）。エピソード記憶は，「いつ」「どこで」といった内容を含む自分の経験に関する記憶である。「昨日の夕飯は何だったか」「2年前に旅行に行った場所はどこだったか」などの記憶はエピソード記憶に含まれる。意味記憶は，さまざまな概念の意味や関係性，数学の公式のような規則や法則などといった一般的な知識に関する記憶をさす。「アメリカの初代大統領はだれか」「三角形の面積を求めるための公式は何か」といった知識は意味記憶に含まれる。

宣言的記憶
手続き記憶

エピソード記憶
意味記憶

　それに対して，ものごとのやり方や技術などを手続き記憶とよぶ。たとえば「自転車とは何か」について知っているのは宣言的記憶であるが，「自転車に乗ることができる」というのは手続き記憶と考えられる。宣言的記憶と手続き記憶は異なる性質をもっている。たとえば言語化の容易さである。「自転車とは何か」を説明するのに比べて，「いかにして自転車に乗るか」を言葉で説明するのは非常に困難であろう。また，記憶の頑健さの違いも指摘できる。高校時代にならった数学の公式は1年くらい使わなければ思い出すのに非常に苦労する。それに対して，くり返し練習されて獲得された手続き記憶は頑健で想起も

容易である。1年くらい自転車に乗らなかった人であっても，再び自転車に乗ることはさほど困難なことではないだろう。

3. ワーキングメモリ ・・・

(1) ワーキングメモリとは

　会話や読書などの認知活動を行うためには，必要な情報を一時的に記憶しておきながらその情報を活用することが必要となるが，その役割を担っている記憶の働きをワーキングメモリ（作業記憶）とよぶ。たとえば，「名前と年齢を教えてください」と質問されたとする。この質問に答えるためには，名前と年齢が質問されたということを記憶しつつ，自分の名前と年齢を思い出して伝えなければならない。また，名前についての質問に答えた後には，その質問に答えたということも記憶しておかなければならない。そうでなければ，何度も同じ質問に答えてしまうことになるだろう。

ワーキングメモリ
（作業記憶）

(2) ワーキングメモリの特徴とモデル

　ワーキングメモリは処理できる容量に限りがあり，情報の保持と活用の際に共通した処理資源を使用しているという特徴がある。そのため，先ほどの質問のように名前と年齢を同時にたずねられると，名前を答えることに多くの処理資源を使用してしまった場合に，もう1つの質問を記憶するための処理資源が不足し，質問されたことを忘れてしまうということが生じる。

　ワーキングメモリの容量を測定する1つの方法に，リーディングスパンテストというものがある。このテストでは「いつも会社には<u>電車</u>で通勤している」といったような文章を音読しながら，同時に下線部の単語を記憶する。文章をすべて音読した後に下線部の単語の再生が求められるが，文章の数を3，4，5文と増やしていくと，文章が多くなるにつれて音読や単語の記憶に必要な処理資源が増えるために，単語の再生が困難になる。リーディングスパンテストでは，文章の数がいくつになると単語をすべて再生することができなくなるか，などの情報を用いて個人のワーキングメモリの容量を測定する。

```
┌──────────┐        ┌──────┐        ┌──────────┐
│  視・空間  │◄──────►│  中枢  │◄──────►│  音声ループ │
│ スケッチパッド│        │ 制御部 │        │          │
└──────────┘────────►└──────┘────────►└──────────┘
```

◐ **図6-3　ワーキングメモリのモデル**（Baddeley, 2003を参考にして作成）

　また，ワーキングメモリのモデルとして，バデリィとヒッチ（Baddeley & Hitch, 1974）は，音声ループ，視・空間スケッチパッド，中枢制御部の3つから構成されているモデルを提案している（図6-3）。

　音声ループと視・空間スケッチパッドは情報の一時的な貯蔵庫であるが，保持する情報の性質が異なっている。音声ループは数や単語などのように音声や言葉に関する情報を保持する。メモリースパンテストにおいて下線部の単語を忘れないように何度も頭の中でくり返しているという状況では，音声ループをおもに使用していると考えられる。

　一方，視・空間スケッチパッドはイメージ，絵，位置などに関する情報を保持する。頭の中で星型の図形を思い浮かべて，その頂点からスタートして外枠の線をずっとなぞっていき，スタート地点にもどったところで「はい」と言う課題をしてみよう。この課題のように，イメージや空間情報を処理するために用いられるのが視・空間スケッチパッドである。

　中枢制御部の役割は，音声ループや視・空間スケッチパッドに保持されている情報をモニターしたり，処理資源の配分のしかたをコントロールしたりすることである。たとえば，リーディングスパンテストの際に，文章の意味を思い浮かべながら音読したり，じょうずに音読しようとしたりすると，必要な処理資源の量が増加するため，単語を記憶しておくことが困難になる。そこで，音読と単語の記憶という異なる処理に適切に資源を配分することが重要となるが，そのような調整の役割を担っているのが中枢制御部だと考えられている。

(3) ワーキングメモリと学習，発達

　ワーキングメモリは，学校で行われているさまざまな教科の学習と関連していると考えられている。ギャザコールら（Gathercole et al., 2004）は，7〜8歳の子どもを対象として，英国で行われている国語（英語）や算数の全国統一

テストの成績とワーキングメモリ能力との関連について調査している。この調査の結果からは，国語と算数に共通して，テスト成績が高いグループの子どもほど，ワーキングメモリ課題の成績が高いことが示されている。

また，ワーキングメモリの働きが年齢に応じて変化することも知られている。スワンソン（Swanson, 1999）の調査によると，おおむね20歳代の前半くらいまではワーキングメモリ課題の成績はゆるやかに向上するが，40歳前後くらいからは加齢とともに低下していくという結果が得られている。

以上の点をふまえると，子どものワーキングメモリに配慮することが，授業を実践する上でのポイントになると考えられる。とくに，年齢の低い子どもたちはワーキングメモリ容量も少ない。そのため，情報を長期記憶の内容と関連づけることで短期記憶に負荷をかけない，同時に複数の課題遂行を求めるような状況をつくらない，1つの指示の中に複数の内容を含めない，視覚的処理もしくは言語的処理の一方だけに過剰な負担がかかるような教え方をしない，などの手だてが重要であると考えられる。

Column 6　再構成される記憶

　「記憶」＝「事実」だろうか？現実場面における記憶の過程に注目した研究の成果は，記憶の想起は他者や状況とのかかわりのなかで新たな記憶が再構成される過程でもあることを明らかにしてきた。

　まず，目撃証言研究の知見から，出来事を想起する際に，思い違いを招くような事後情報が与えられることが想起に影響することが明らかにされている。ロフタスとパーマー（Loftus & Palmer, 1974）の実験では，150名の実験参加者に同じ自動車事故のビデオを見せた。その後，50名の参加者に「車が激突したとき車はどのくらいの早さで走っていましたか（About how fast were the cars going when they smashed into each other?）」と質問し，別の50名には「激突した」（smashed）の部分を「ぶつかった」（hit）に置き換えて質問し，残りの50名には車の速さに関する質問をしなかった。車の速度に関する質問をした2つのグループで回答された速度の平均値を比較したところ，「激突」と質問したグループでは時速16.8kmであったが，「ぶつかった」と質問をしたグループでは時速12.9kmであった。また，1週間後に実験参加者に「あなたは割れたガラスを見ましたか」と質問をしたところ，実際にはガラスは割れていないにもかかわらず，「激突」という言葉で質問したグループの参加者は他の2つのグループの参加者よりも高い割合で「はい」と答えた。

　また，目撃証言のように実際に体験した出来事だけではなく，体験していないことを自分の記憶として想起する，すなわち，偽りの記憶がつくられるという現象も知られている。ロフタスとピックレル（Loftus & Pickrell, 1995）は18歳～53歳の24名を対象に幼児期の偽りの記憶に関する実験を行った。この実験では4歳～6歳の間に実際に参加者が体験した3つの出来事と，実際には体験していない迷子になったという出来事の計4種類が用いられた。これらの4つの出来事について「身内から聞いた話」という説明をしたうえで，その詳細を語るように実験参加者に求めた。出来事をおぼえていない場合には，おぼえていないと答えるように説明をした。質問紙を用いた調査と2回のインタビュー調査の結果，24名のうち6名が偽りの迷子の出来事について，完全にもしくは部分的に記憶していると回答したのである。このうちデータが得られた5名の虚偽記憶の確信度評定（1：「確信がない」～5：「それらについていろいろと思い出すことができるくらい強い確信がある」の5段階）の平均は1回目のインタビュー時で2.8，2回目のインタビュー時で3.6であり，虚偽の記憶にもかかわらずある程度の確信をもった記憶として報告されていたことが示されている。

7章 メタ認知と学習方略

1. メタ認知
2. 学習方略
3. 自己調整学習
4. 学習の転移

1. メタ認知

(1) メタ認知とは

メタ認知　　メタ認知とは,「認知（知覚，記憶，思考など）することを認知するということ」である。メタとは，そもそも「高次の」という意味をもった言葉で，メタ認知とは，自分自身の認知をまるで第三者の視点で高い所から見るような認知のことをさしている。

　学習者は，常に効率的に学習しているというわけではない。「一生懸命に勉強したのに，また悪い成績をとってしまった」ということも少なくない。しかし，メタ認知をはたらかせれば，自分自身の認知を見直すことができる。そのため，課題にふさわしくない方法を選択していても，それに気づき，方法を修正することができるため，学習効果を得やすいと考えられる。

(2) メタ認知的知識とメタ認知的活動

メタ認知的知識
メタ認知的活動
　　メタ認知には，メタ認知的知識とメタ認知的活動の2つのはたらきがあることが知られている（図7-1）。

　メタ認知的知識は，「人間の認知特性についての知識」と「課題についての知識（例：計算課題では数の桁数が増えるほど計算ミスが増える）」と「方略についての知識」に分類することができる。

　人間の認知特性についての知識は，さらに「個人内の認知特性についての知識（例：私は，読解は得意だが作文は苦手だ）」「個人間の認知特性についての知識（例：AさんはBさんより賢い）」「一般的な認知特性についての知識（例：くり返し練習したことは身につきやすい）」に分類される。

宣言的知識
手続き的知識
条件的知識
　　方略についての知識は，さらに「宣言的知識（どのような方略か）」「手続き的知識（その方略はどう使うか）」「条件的知識（その方略はいつ使うのか，なぜ使うのか，どのような効果があるのか）」に分類される。たとえば，文章読解における「図式化（図解）」という方略についての知識について整理すると次のようになる。①宣言的知識は「図式化する」ということである。②その方

```
メタ認知的知識 ─┬─ 人間の認知特性 ─┬─ 個人内の認知特性についての知識
              │   についての知識   ├─ 個人間の認知特性についての知識
              │                  └─ 一般的な認知特性についての知識
              ├─ 課題についての知識
              └─ 方略についての知識 ─┬─ 宣言的知識
                                  ├─ 手続き的知識
                                  └─ 条件的知識

メタ認知的活動 ─┬─ メタ認知的モニタリング
              └─ メタ認知的コントロール
```

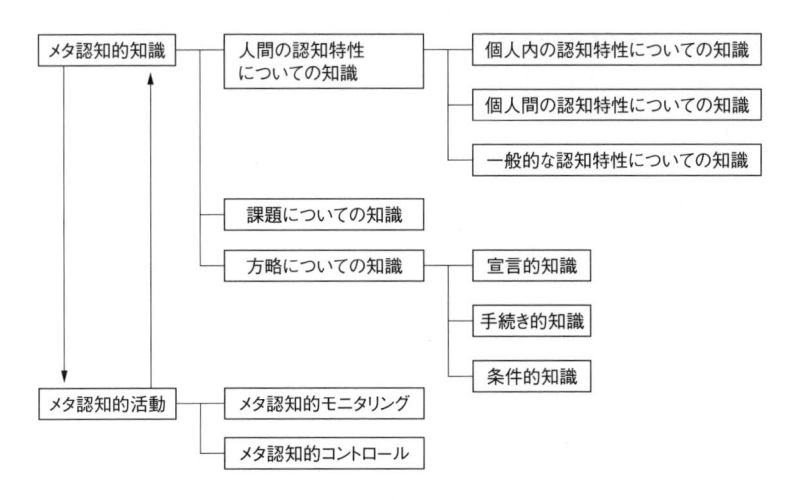

● **図7-1　メタ認知の分類**（三宮, 2008を参考にして作成）

略はどう使うのかという手続き的知識は,「主要な考えを明らかにし, それらを関連づける」ということである。③いつ使うのかという条件的知識は,「相互に関連した事実に基づく情報がたくさんあるとき」である。④なぜ使うのかという条件的知識は,「おもな考えがどれかを見いだすのを助け, 記憶負荷を軽減するため」である（Schraw, 1998）。

　メタ認知的活動は, メタ認知的知識に基づいて行われる。もしメタ認知的知識が誤っていれば, メタ認知的活動は不適切なものになりかねない。このメタ認知的活動は, メタ認知的モニタリングとメタ認知的コントロールに分類できる。メタ認知的モニタリングの例としては, 認知についての気づき, フィーリング, 予想, 診断, 評価などがあり, メタ認知的コントロールの例としては, 認知についての目標設定, 計画, 修正などをあげることができる。このメタ認知的モニタリングとメタ認知的コントロールは, 循環的にはたらくと考えられるため, メタ認知的モニタリングが不正確である場合には, メタ認知的コントロールは不適切なものになりがちである（三宮, 2008）。

メタ認知的モニタリング
メタ認知的コントロール

(3) メタ認知の発達

　メタ認知の基礎は幼児期から徐々に形成されていくが, 十分に発揮されるに

はかなりの成長を待たなければならないと考えられている（馬場，1998）。

たとえば，フラベルら（Flavell et al., 1970）の実験では，子どもに自分の記憶についての予測をさせている。この実験では，子どもに10枚の絵を見せた後で，絵を何枚思い出すことができると思うかをたずねた。その後，子どもに10枚の絵がどんな絵であったかを実際に思い出させた（再生させた）。その結果，子どもが思い出せると予測した枚数と実際に思い出せた枚数の差（誤差枚数）は，学年が高くなるにつれて小さくなることがわかった（9枚以下の予測をした子どもの平均誤差枚数：幼稚園児1.60，2年生0.81，4年生0.91）。また，幼稚園児では，64％が10枚全部再生できると答えているが，そのような非現実的な評価は，2年生以上になると25％以下になっている。

(4) メタ認知をはぐくむ

メタ認知を高めるために試みられてきた方法の1つに，「メタ認知的知識を教える」というものがある。メタ認知的知識は，メタ認知を支える側面であるから，この知識の増大はメタ認知の能力を向上させると考えられる。

しかし，ここで学習者に教授される「その方略はいつ使うのか」「なぜ使うのか」といった条件的知識は，頭で理解するのではなく，文脈の中で実際に実践するなかで気づいていくものである。実感がともなわなければ，いくら有効であると教授されても，自分のものとして使えるようにはならない（丸野，2007）。

よって，教授された後も，授業やさまざまな学習場面で利用することをうながしたり，実際にその方略を使ってみる体験を仕組んだりする必要がある。た**相互教授法**とえば，パリンサーとブラウン（Palincsar & Brown, 1984）の相互教授法（生徒どうしで教師役と生徒役を交代しながらお互いに質問したり，教えたりすることにより課題理解を深めていく方法）などが利用できる。丸野(2007)は，このようにペアを組み，互いに説明したり，質問したりする過程で，相手にわかりやすく説明するために具体的に考えたり，あいまいなところを明確にするというメタ認知が，子どものなかに内在化していくと指摘している。

2. 学習方略

(1) 学習方略とは

学習方略は,「学習の効果を高めることをめざして意図的に行う心的操作あるいは活動」と定義されている（辰野,1997）。つまり,「勉強のしかた」のことである。私たちは,学習場面でさまざまな学習方略を用いている。たとえば,英単語を覚えるには,くり返しノートに書くこと（リハーサル方略）や,覚えているか確認するために小テストをしてみること（理解モニタリング方略）を活用することが求められる。

学習方略

(2) 学習領域に一般的な方略と固有な方略

表7-1に示された学習方略は,学習領域に一般的な（どの領域にも適用可能な）ものであるが,学習領域に固有な,つまり,教科などの領域に適用が限定的な方略についても検討されている。たとえば,村山（2003）では,歴史の授業における学習方略として,「拡散学習方略（例：歴史に関する本や雑誌を読んだりする）」「マクロ理解方略（例：細かいことは気にせず,まず大きな流れを把握する）」「ミクロ理解方略（例：歴史で習ったことを,ノートや頭の中で自分なりにまとめてみる）」「暗記方略（例：意味のわからない語句がでてきても,まずはとにかく覚える）」をあげている。

◉ 表7-1　学習方略の種類（Weinstein & Mayer, 1986; 辰野, 1997を参考にして作成）

方略のカテゴリー	具体的方法
①リハーサル方略	逐語的に反復する,模写する,下線を引く,明暗をつけるなど
②精緻化方略	イメージあるいは文をつくる,言い換える,要約する,質問する,ノートをとる,類推する,記憶術を用いるなど
③体制化方略	グループに分ける,順々に並べる,図表をつくる,概括する,階層化する,記憶術を用いるなど
④理解モニタリング方略	理解の失敗を自己監視する,一貫性をチェックする,再読する,言い換えるなど
⑤情緒・動機づけ方略	不安を処理する,注意散漫を減らす,積極的信念をもつ（自己効力感,結果期待）,生産的環境をつくる,時間を管理するなど

このような，いろいろな場面において利用できるような方略や，学習すべき内容・領域によって必要な方略を身につけることで，私たちは効果的に学習することができるようになると考えられる。

(3) 学習方略を規定する要因

学習方略を規定する要因として，「方略知識（学習方略に関する知識，たとえば，リハーサル方略とはどのような方略かを知っていること）」「手続き的知識（学習方略をどう使うのかについての知識）」「有効性認知とコスト感」「条件知識（学習方略が，どのようなときに使えるのかということに関する知識）」をあげることができる（村山，2007）。

たとえば，いくら学習方略についての知識があっても，その学習方略を利用することが学習にとって有効であると思えなかったり，有効であると思っていても，コスト感が高かったりした場合は，その学習方略が使用されないことになる。この場合，「学習方略を使うことで，テストでよい点がとれた」というような体験ができるようにサポートするなど，学習方略の有効性の認知を高めるようなかかわりが必要となる。

(4) 学習方略の獲得の支援

学習者に学習方略を身につけさせるためには，先に指摘されたようなさまざまな要因に着目し，個々人の課題を明らかにしながら，方略獲得の援助をする必要がある。たとえば，認知カウンセリングでは，「○○がわからない」といって相談に来る児童生徒たちに，学習内容について理解させるだけでなく，個別指導場面を通して見えてくる日常的な学習方略の問題を見いだし，その改善を図っている（瀬尾ら，2008）。

> 認知カウンセリング

一方で，教室場面では，教師が方略を使いながら問題解決を行うところを，見本として学習者に見せる方法も効果的だろう。しかし，教師自身は，数学や理科の問題で図や表を書きながら考えるという方略の有用性を理解して，図表を用いながら指導を行っているにもかかわらず，学習者は，図表を利用することが少ないという実態が指摘されている。このように，見本を見せるだけでは学習者に学習方略を身につけさせることはむずかしいと考えられる。このとき，

教師は方略の効果を言葉で明確に伝えるということも必要である（瀬尾ら，2008）。

3. 自己調整学習

(1) 自己調整学習の過程

わが国の教育界では，1980年ごろから自己学習や自己教育，あるいは，自己学習力や自己教育力という言葉が頻繁に用いられるようになっている（上淵，1998）。最近では，このような「みずから学ぶ力」を理論的にとらえるために，学習方略（行動），メタ認知，動機づけという３つの要因が関係し合って成立する自己調整学習の観点から検討されている。

自己調整学習

ジマーマン（Zimmerman, 2002）は，この自己調整学習を，予見の段階，遂行の段階，自己省察の段階のサイクルでとらえたプロセスモデルを示している（図7-2）。予見の段階では，課題を分析して，どのような方法を使えば課題

遂行の段階
学習や問題解決がプラン通りに進んでいるかどうかをチェックするセルフモニタリングを行う。
そして，学習プロセスに問題がある場合には，方略を変える等のセルフコントロールをする。

予見の段階
話題を分析して，どのような方法を使えば話題を理解し，問題解決ができるかを考え，プランを練る。
そして，学習行動や問題解決行動をみずから動機づける。

自己省察の段階
学習の結果や学習の方法などについて，学習者自身が評価をする。
そして，次の学習では，何をどうすればよいかを考える。

◉ 図7-2　自己調整学習における3段階のプロセス（Zimmerman, 2002；上淵，2007を参考にして作成）

を解決し，問題解決できるか計画を立てる。このとき，自己効力感や興味といった動機づけに関する要因が想定される。遂行の段階では，学習がうまくいっているかどうかモニタリングをしたり，うまくいっていなければ修正したりするといったコントロールが行われる。自己省察の段階では，学習の結果や学習の方法などについて，その成果に対して，学習者自身が評価をする。そして，次の学習では，何をどうすればよいかを考える（上淵，2007）。

　予見，遂行，自己省察のサイクルをくり返しながら，方略を適切に活用し課題に取り組む学習者，つまり自己調整学習ができる学習者は，望ましい学習者像の1つといえる。

(2) 自己調整学習方略

　自己調整学習の過程で活用される方略にはさまざまなものがある。自己調整学習における方略の使用を測定する質問紙の項目（Zimmerman & Martinez-Pons, 1986）（表7-2）を参照すると，一般的な学習方略（表7-1）より多くの方略が存在することがわかる。これらの方略には，個人内の情報処理に限られるものや，環境構成や援助要請といった学習者がいかに環境にかかわるかについての方略，あるいは学習過程のメタ認知に相当するものがある（上淵，1998）

4. 学習の転移

(1) 正の転移と負の転移

学習の転移　　ある経験や学習が，後の学習に影響を与えることを学習の転移という。転移によって学習が促進されるのか，それとも妨害されるのかに注目するとき，過去の経験や先行学習が後続学習に対して促進的に作用する場合を「正の転移」，妨害的に作用する場合を「負の転移」という。たとえば，英語の学習が他の言語の学習の獲得を促進する場合は正の転移であり，阻害する場合は負の転移となる。

形式陶冶
実質陶冶　　この転移については，形式陶冶と実質陶冶との関係としても議論されてき

◐ 表7-2 自己調整学習方略の分類（Zimmerman & Martinez-Pons, 1986; 上淵, 1998 を参考にして作成）

方略のカテゴリー	定義
①自己評価	学習の進歩の質を，自発的に評価する 例：「自分の勉強が正しかったか，確認する」
②体制化と変換	学習を進めるために，自発的に教材をまとめ直す 例：「作文を書く前に，まとめてみる」
③目標設定とプランニング	目標や下位目標を子どもが立てて，これらの目標に関連する活動をする 例：「まず試験の2週間前から勉強を始めて，調子を上げていく」
④情報収集	人以外の資源から課題についての情報を確保するために自発的に努力する 例：「作文を書く前に，図書館に行って，できるだけたくさん情報を集める」
⑤記録をとることとモニタリング	事実や結果を記録するために，自発的に努力する 例：「授業の討論のノートをとった」「間違えた単語のリストをつくった」
⑥環境構成	学習を容易にするために，自発的に物理的環境を選んだり，環境を整える 例：「ひとりになる」「集中できるようにラジオをとめる」
⑦自己強化	成功や失敗に対して，報酬や罰を与える 例：「テストができたら，映画を見に行くことにする」
⑧リハーサルと記憶	教材を覚えるために有形無形の努力を自発的にする 例：「数学のテストに備えて，公式を覚えるまで書き取る」
⑨援助要請	仲間，教師，大人から援助を得る努力を自発的にする 例：「数学の宿題がわからないので，友だちに助けてもらう」
⑩レビュー	将来の授業やテストに備えて，以前のテストやノートや教科書を自発的に見直す 例：「テストに備えて，ノートを見返す」
⑪その他	他人（教師や親）から言われて学習する 例：「先生から言われたことをするだけだ」

た。形式陶冶では，ギリシア語や幾何学といった日常的でない抽象的な教科で学習した方が，思考力の訓練ができ転移が大きいことが主張された。一方，実質陶冶では，転移は限定的なものとして考えられ，物理，科学，歴史などそれぞれ領域固有の知識・技能を習得した方がよいと主張された。

　教師は，授業づくりをする際，学習者に正の転移が生じることを期待する。このとき，どのような内容を，どのような順番で教えていくのか，各学習内容の配列を工夫することが必要になる。そのため，教授方法の精選だけでなく，カリキュラムの構成などについて検討を行うことで転移の実現に取り組む必要

がある。

(2) メタ認知と学習の転移

　先に紹介したメタ認知は，学習の転移を説明する枠組みを提供すると考えられている（三宮, 2008）。メタ認知は，学習したことが同一領域内にとどまるか，領域を越えて転移するかに関連する要因と考えられる。学習者がメタ認知を発揮すれば，適切に自分の認知（思考や学習）をモニターしコントロールすることで，これまでの学習で身につけてきた知識や技能を，新しい学習場面でも活用できると考えられる。この枠組みに従うなら，今後は転移可能性を高めるためにも，メタ認知を促進することが求められる。

Column 7　授業に積極的に参加している学習者の姿とは

　私たちは，子どもたちが意欲的に取り組んでいる授業として，どのような授業を想像するだろうか。「たくさんの子どもたちが手をあげて，たくさんの子どもたちが発表している」そんな授業を想像する人も少なくないだろう。

　布施ら（2006）は，挙手や発言のような行動に限定することなく，広く授業における行動をとらえ，まず，小学校の教師を対象に，子どもたちのどのような行動に対して，「授業に積極的に参加している」と感じるかについて質問紙による自由記述調査を行った。その結果から，教師に共通した積極的に参加する児童像として，「授業中の姿勢がよく，話を聞き，発言したり挙手をしたりする児童」，消極的に授業に参加する児童像として，「授業中の姿勢が悪く，他のことをしていたり，無反応である児童」が浮かび上がった。この結果をもとに作成された項目について質問紙調査を実施し，積極的授業参加行動の下位概念として，「注視・傾聴」「挙手・発言」「準備・宿題」の3つを抽出している。

　これらの積極的授業参加行動はどのような動機づけと関連しているのかについて検討した安藤ら（2008）では，「注視・傾聴」は，内発的動機づけと関連していることが示されている。このことから，「注視・傾聴」は学習意欲のあらわれであり，学習意欲が高まらなければ「注視・傾聴」は起こらないことがわかる。

　私たちは，暗黙に，挙手や発言のような見えやすい行動については積極的な授業参加であると考え，挙手や発言をしない子どもは，授業への動機づけが低いと判断してしまってはいないだろうか。授業中に，先生の話を一生懸命聞いている子どもたちの意欲に気づいていかなくてはならない。

◐ 表　積極的授業参加行動の項目例（安藤ら，2008を参考にして作成）

項　　目
「注視・傾聴」
・先生の話を一生けん命聞く。
・授業中にやるように言われたことは，最後までがんばる。
・ノートや教科書，黒板をしっかり見る。
「挙手・発言」
・手をあげて自分の意見を言う。
・話し合いをするときには，ちゃんと意見を言う。
・友達の発表を聞いて，自分の意見を言う。
「準備・宿題」
・授業にひつようなものをわすれずに持ってくる。
・きちんと宿題をする。

8章 動機づけ

1. 動機づけと動機の種類
2. 内発的動機づけと外発的動機づけ
3. 動機づけの諸理論

1. 動機づけと動機の種類

(1) 動機づけとは

動機や欲求は，人を行動へと駆り立てる原動力である。たとえば，お腹がすくと（生理的欲求により）食事をとったり，友だちに嫌われたくなくて（拒否回避欲求により）いっしょに映画に行ったり，先生にほめてもらいたくて（承認欲求により）予習をしたりする。このように，動機や欲求によって行動が引き起こされたり，維持されたり，方向づけられたりする一連の過程を動機づけ (Motivation) とよぶ。

動機づけ

なお，本章では，動機と欲求を区別せずに扱うこととする。ただし，欲求は人間が元来もっているものであり，動機はそれが活性化している状態をさして用いられることもある。

動機づけには，人の内側にある動機や欲求（動因）だけではなく，人の外側にある行動の目標（誘因）もかかわっている。たとえば，「食べたい」という食欲（動因）だけでは「食べる」という行動は生起しない。そこに「食べ物」という行動の目標（誘因）がある時に，「食べる」という行動が生起すると考えられている。同様に，「勉強したい」という学習動機に加えて，「学習プリント」などの行動の目標がある時に，「勉強する」という行動が生起すると考えられている。

欲求不満
ローゼンツバイク

なんらかの障害で動機や欲求の充足が妨げられると欲求不満（フラストレーション）に陥る。大原 (1981) によれば，ローゼンツバイクは，欲求不満の反応タイプとして次の3つを指摘している。1つ目は，怒りを外部に向け攻撃的な態度や行動をとる外罰的反応である。2つ目は，罪悪感をもち自分を責める内罰的反応である。そして，3つ目は，当惑と恥ずかしさは感じながらもだれも非難しない無罰的反応である。

外罰的反応
内罰的反応
無罰的反応

(2) 欲求階層説

人間の動機や欲求を分類する方法として多くの考え方が提案されているが，

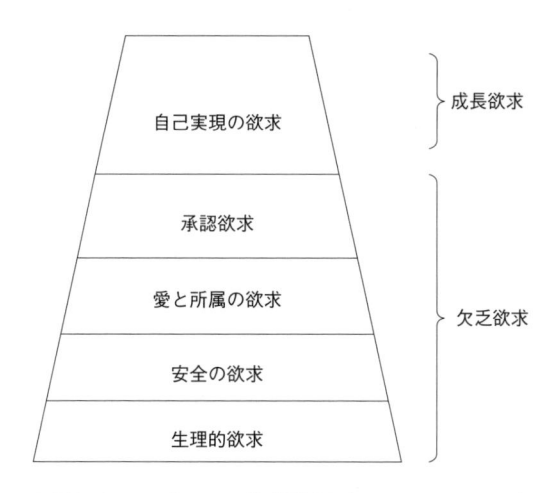

●図8-1 マズローの欲求階層（Maslow, 1943を参考にして作成）

　最も有名な分類法の1つがマズロー（Maslow, 1943）の欲求階層説（あるいは欲求5段階説）である。この考え方の特徴は，生理的欲求から自己実現の欲求までの5つのカテゴリーに動機や欲求を分類した後に，発達段階によって下位の欲求カテゴリーから上位へという順で発現したり，優先される欲求が心理的発達によって変化したりしていくと仮定していることである（図8-1）。

　具体的には，初期の発達段階において，まず生理的欲求が発現し，ある程度その欲求が満たされると安全の欲求が発現する。つぎに，発達段階が進み，かつ，生理的欲求と安全の欲求がある程度満たされると愛と所属の欲求が発現する。そして，承認欲求，自己実現の欲求の順に発現すると考えられている。

　また，心理的発達が未熟なときには，上位の欲求が発現していたとしても，下位の欲求が満たされないときには下位の欲求が優位になるが，心理的発達が成熟すると下位の欲求よりも上位の欲求の方が優位になると考えられている。

　なお，生理的欲求から承認欲求までの階層の欲求は，物や他人などによって外側から充足されると沈静化するので欠乏動機づけとよばれることもある。これに対して，自己実現の欲求は，自己の才能や能力を開発し，可能性を求め続けることから成長動機づけとよばれることもある。

マズロー
欲求階層説

生理的欲求
安全の欲求
愛と所属の欲求
承認欲求
自己実現の欲求

2. 内発的動機づけと外発的動機づけ

(1) 強化の源泉による動機づけの分類

　行動に報酬や罰を随伴させる（強化する）と行動の生起頻度が変わるように，動機づけも強化によって影響を受ける。たとえば，学習動機に基づきむずかしい学習課題に取り組み，その内容が理解できて達成感を感じたり，先生にほめられて満足感を感じたりすると，学習動機はさらに高まり，学習行動は促進される。これらの強化の源泉が行動そのものに内在するのか，あるいは，外在するのかによって，動機づけを分類することができる。前者は内発的動機づけとよばれ，後者は外発的動機づけとよばれている。

　学習場面における内発的動機づけの例としては，「勉強することがおもしろいから」や「わからないことがわかるようになって楽しいから」のように，学習すること自体に内在する報酬によって学習が誘発されている過程をあげることができる。また，質問期とよばれる2～6歳ごろの子どもが，目にしたものについて，「これ何」「あれ何」と次々に質問して答えを求めようとする行動も，知的好奇心や認知的動機づけと関連した内発的動機づけの典型例である。

　一方，学習場面における外発的動機づけの例としては，「先生にほめてもらいたいから」や「成績が下がると親に叱られるから」のように，学習活動に内在されていない他者からの報酬や罰によって学習が誘発されている過程をあげることができる。

(2) アンダーマイニング現象

　レッパーとグリーン（Lepper & Greene, 1973）は，幼稚園児を対象に，①「絵を描いたらごほうびをあげる」と告げて絵を描かせる条件（報酬予期群），②「絵を描きましょう」と告げて絵を描かせる条件（報酬なし群），③「絵を描きましょう」と告げて絵を描かせて，描き終わった時に思いかけずにごほうびを与える条件（予期せぬ報酬群）を設けて実験を行った。そして，1～2週間後の自由時間に絵を描く時間を測定したところ，報酬予期群の子どもたちの

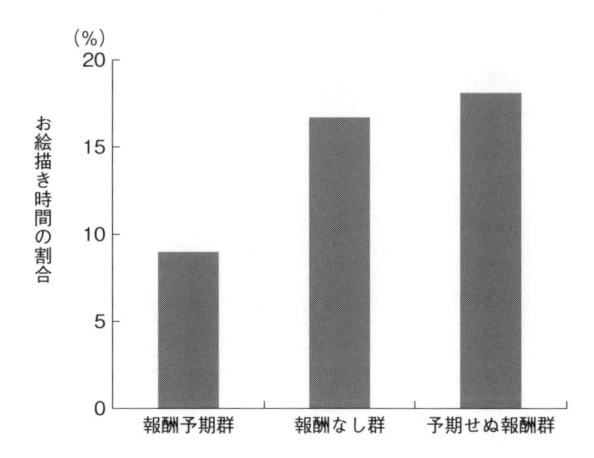

● 図8-2　自由遊び時間におけるお絵描きをした時間の割合
（Lepper & Greene, 1973を参考にして作成）

絵描きに費やした時間が少なかったことを報告している（図8-2）。

また，デシとフラステ（Deci & Flaste, 1995）は，大学生を対象に，ソマとよばれるパズル課題を用いて類似した実験を行った。その結果，パズルが解けた報酬として金銭を与えると教示して作業をさせると，報酬が与えられない条件へ移行したとき，自発的な活動（パズルに取り組む時間）が低下したと報告している。

デシ

これらの現象は，次のように考えられている。絵を描くことやパズルを解くことは本来楽しい活動なので，内発的動機づけに支えられた行動である。そこに，外発的動機づけを誘発する報酬を与えられたことで，幼稚園児や大学生たちは，報酬のために絵を描いたり，パズルを解いたりしていると思うようになり，活動自体に対して感じていた楽しさや達成感が弱まったのだろう。このように，報酬によって内発的動機づけが低下する現象をアンダーマイニング現象とよんでいる。

アンダーマイニング現象

ただし，レッパーとグリーンの「予期せぬ報酬群」が統制群と同程度のお絵描きの時間を示していたように，報酬が与えられるとアンダーマイニング現象が必ず生じるわけではない。行為者の自律性（自分の行動は自分がコントロールしているという感覚）が保たれているときには，報酬によって内発的動機づけが阻害されることはないと考えられている。とくに，「よくがんばったね」

などの言語的報酬が事後的に思いもかけずに与えられるようなときには，内発的な動機づけは影響を受けないと考えられている。

割引原理　　アンダーマイニング現象は，割引原理とよばれる帰属理論によっても説明できる。割引原理とは，ある結果が生起したときに，その結果を生起させる原因Aのみが存在するときに比べて，その結果を生起させる原因Aと原因Bが共存するときには，原因Aが及ぼした影響を少なく見積もる現象である。すなわち，内発的動機づけのみによって遂行された条件（原因Aのみ）に比べて，外発的動機づけも共存する条件（原因A＋原因B）では，内発的動機づけの過程が軽視されることになる。

　たとえば，今日の勉強は楽しかったので，家に帰ったら宿題をしようと同じように考えていた小学生が2人いたとしよう。一方の小学生はそのまま宿題を始めたのに対して，もう一方の小学生は，たまたま母親から「はやく宿題をしなさい」と声をかけられてから宿題を始めた。あなたがこのような2人の小学生を観察したとき，母親から声をかけられずに宿題を始めた小学生の方が内発的に強く動機づけられていたと感じるのではないだろうか。母親からの声かけという原因が共存していることで，割引原理が働き，後者の小学生の内発的な動機づけの過程が軽視されたからと考えられる。そして，行為の観察者（この例では，あなた自身）におけるこのような推論過程が，行為者本人（母親に声をかけられた小学生）においても生じることでアンダーマイニング現象は生起すると考えられている。

3. 動機づけの諸理論 ・・・

(1) 期待価値モデル

　動機や欲求が強くなれば，それに関連する行動の頻度や質といったパフォーマンスは促進されるが，ある水準を超えると，パフォーマンスは抑制される。すなわち，動機や欲求の強さには，パフォーマンスを最高にする最適水準があると考えられている。また，パフォーマンスを最高にする動機や欲求の最適水準には個人差があることが知られている。たとえば，これから受ける試験がそ

の人にとって重要であればあるほど，達成動機（「うまくやり遂げたい」という動機）が喚起されて，一般的にはパフォーマンスは向上する。ところが，重要な試験であればあるほど，過度に緊張してしまい，実力の半分も発揮できない人もいる。このような個人差を説明する理論として，アトキンソン（Atkinson, 1957）の期待価値モデルがある。

期待価値モデルでは，成功したい気持ち（成功達成動機）と失敗したくない気持ち（失敗回避動機）を，それぞれ独立した動機として扱う。そして，2つの動機の相対的な強さによって，成功達成動機が優位な人と失敗回避動機が優位な人に分けて，それぞれのタイプの人たちが示す対照的な動機づけのスタイルを説明する。

図8-3は，課題のむずかしさ（主観的成功確率≒期待）と動機づけの強さ（課題の魅力度≒価値）の関係において，成功達成動機と失敗回避動機のそれぞれが優位なタイプの行動予測である。成功達成動機が優位な人の場合，主観的成功確率が50％のときに，正の価値（成功の喜び）と期待（確率）の積が最大になるので最も動機づけが高まると予測する。対照的に，失敗回避動機が優位な人の場合，主観的成功確率が10％と90％のときに，負の価値（失敗の悲しみ）と期待（確率）の積が最小になるので最も動機づけが高まると予測する。主観的成功確率が90％とは，ほとんど成功するやさしい課題なので失敗の期待（確率）がきわめて低いことを意味する。一方で，主観的成功確率が10％とは，ほとんど失敗するむずかしい課題だが，それほどむずかしい課題の場合は失敗したとしてもその悲しみ（負の価値）は大きくないと考えられている。

アトキンソン

期待価値モデル

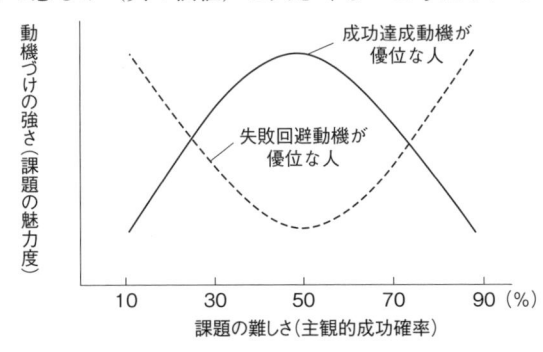

● 図8-3 課題の難しさと動機づけの関係

(2) 学習性無力感

セリグマン　セリグマン（Seligman, 1975）は，2匹の犬を用いて，次のような実験を行っている。2匹の犬は後足に連結した電線をつなげられ，同時に電気ショックを受ける装置に配置された。ただし，一方の犬には顔の横に電気ショックを止めるスイッチが設けてあり，もう一方の犬にはなかった。すなわち，どちらの犬も同じ回数，同じ時間だけ電気ショックを受けることになるが，一方の犬にはそれを止める手段が与えられ，もう一方には有効な手段が与えられなかった。

このような状態でしばらく電気ショックを経験した後，2匹とも電気ショックを止めるスイッチが設けてある別の装置に移して実験が再開された（今度はスイッチを押すとそれぞれの犬の電気ショックが止まる）。その結果，前半で電気ショックを回避する手段が与えられていた犬は，しばらくすると電気ショックを回避する行動を学習したのに対して，前半で電気ショックを回避する手段を与えられなかった犬は，いつまでたっても電気ショックを止める行動を学習しなかった。

学習性無力感　あたかも「自分ではどうしようもない」という無力感を学習したように思えることから，この現象は学習性無力感とよばれている。大芦（2010）は，外的な報酬によって内発的動機づけが低下するアンダーマイニング現象も含めて，動機づけには「自分で自分の行動をコントロールしている」というコントロール可能性の認知が重要であることを指摘している。

(3) 自己効力感

バンデューラ　これから取り組む課題について，「なんとかなりそうだ」という期待（予想）も動機づけに影響を及ぼす。バンデューラ（Bandura, 1977）は，この「自分には，ある行動をうまくやり遂げることができるだろう」という感覚（自信）を自己効力感とよんでいる。

自己効力感　彼は，ある手段（行動）によってもたらされる結果（効果）についての予想と，自分がその手段（行動）を遂行することができるという感覚（自信）とを区別して，前者を結果期待，後者を効力期待とよんでいる。たとえば，自動車

運転免許を取得しようとして，3週間の自動車教習所プログラムに参加する例で考えてみよう。この場合，3週間のプログラムに参加すれば自動車免許試験に合格できるだろうという予想が結果期待であり，3週間にわたり自動車教習所に通い続けることができるだろうという感覚（自信）が効力期待である。そして，その人が感じ取っている効力期待のことを自己効力感と定義している。

ところで，教師期待効果を説明する考え方として努力と結果の随伴性があるが，これも広い意味での結果期待の1つと考えられる。努力と結果の随伴性とは，「がんばれば，他の生徒と同じように自分も評価してもらえるだろう」という信念であり，このような信念を抱いていると人は積極的に努力をして，その結果として望ましい方向の教師期待効果が成就すると考えられている。逆に，努力と結果の随伴性が信じられないとき，すなわち，「がんばっても，ほかの人のように自分は評価してもらえないだろう」と受け止められているとき，たとえそのことが望ましくない結果につながると予想されようとも，人は努力を控え，その結果として望ましくない方向の教師期待効果が成就すると考えられている。

> 努力と結果の随伴性

(4) パフォーマンス目標とラーニング目標

ドエック（Dweck, 1986）は，本人が知能をどのようなものと考えているのかという知能観について，2つのタイプを提唱している。1つは，知能は部分に分けることのできない全体的なものであり，固定的で変化するものではないと考えることから固定的知能観とよんでいる。もう1つは，知能はいろいろな技術（実際にできること）の集合体で，努力によって増やすことができると考えることから増大的知能観とよんでいる。そして，それぞれの知能観をもつ人では，学習に関連した動機や目標に違いがあることを指摘する（表8-1）。

> ドエック
> 固定的知能観
> 増大的知能観

固定的知能観をもつ人の場合，問題をまちがえることは自分についての評価を下げることにつながるので，失敗と考える。自分がわからないことにぶつかったときには，これによって自分に能力がないとみられてしまう危険性があり，理解できない点があるというだけで自分をおびやかすものと見なしてしまう。また，学習場面では教師が評価することが多いので，教師は判定者，あるいは，賞や罰を与える役目にある者と考える。そして，自己評価の際には，評価基準

● 表8-1　学習に関する動機と目標についての知能観による違い（Dweck, 1986を参考にして作成）

	固定的知能観	増大的知能観
学習の目標	自分の有能さを示すこと。他人からの肯定的な評価。	新しい理解や技術を身につけること。
課題を始めるとき	それをやって他人から賢いとみてもらえるか。	それをやって何を自分のものとすることができるか。
関心	学習の結果。	学習の過程。
評価基準	すでに決まっている。短期的な視点。	自分のなかにあり，柔軟で長期的な視点。
求める情報	肯定的な情報。	正確な情報。
教師の役割	判定者。賞罰の与え手。	能力増大の資源。導き手。

はすでに明確なものが決まっていると考えて，すぐにそれに従って結果を判定しようとする。

　これに対して，増大的知能観をもつ人の場合，問題をまちがえることは何かがうまくいっていないことを知ることにつながるので，必ずしも失敗とは考えない。そして，わからないことに出会ったときには，それを解決すれば自分の能力（技術）が高まるので挑戦の対象となる。また，教師はその指導によって自分の能力を高めてくれるので，援助者と見なされる。自己評価については，比較的長期的な視点で，これまでの自分のレベルを基準として判定する。

　このように，固定的知能観の人が示す「自分の有能さを示し，他人からより積極的な評価を求める」学習目標を**パフォーマンス目標**とよんでいる。そして，増大的知能観をもつ人が示す「新しいことを理解したり，技術を身につけたりして，自分の有能さを高める」学習目標を**ラーニング目標**とよんでいる。

Column 8　存在脅威管理理論—人はなぜ自尊心を欲するのか？

　自尊心とは，「わたしは人並みに価値のある人間である」という信念である。心理学では，自尊心の高低によって，認知や感情，行動がどのように異なるのか，あるいは，精神的健康にどのような影響を与えるのかについて，多くの研究が行われてきた。同様に，自尊心は，教育の世界でも，学習行動や社会的問題行動と密接な関係があることが知られており，重要な概念の1つとして扱われている。

　このように，自尊心が人間のさまざまな行動に影響を及ぼすことは広く知られてきたが，「そもそも自尊心はなぜ人間に備わったのか」，あるいは，「人はなぜ自尊心を欲するのか」という，自尊心の起源や動機についてはまだ明らかにされていない。このような状況のなかで，存在管理脅威理論（Terror Management Theory; Solomon et al., 1991）は，私たちの自尊心がどこから来たのかについて1つの示唆を与えてくれる。

　脇本（2005）は，存在脅威管理理論における自尊心の位置づけを次のように紹介している。「存在脅威管理理論では，自尊心とその基盤となる文化的世界観が死の不可避性という存在論的脅威を緩衝する装置（文化的不安緩衝装置）として機能すると仮定する。人はその生存本能ゆえに死を恐れ，これらの装置で死の脅威を緩衝しようとする。つまり，人が自尊心を強く求めるのは，自尊心が存在論的脅威を低減する効果をもつためであると考えるのである」

　ここでいう「文化的世界観」とは，ある文化に共有された価値観や信念の体系が個人に内化されたものをさす。具体的には，「人は死ぬと天国や極楽浄土に行く」といった直接的不死概念と，「自分が死んでも家族や友人の心の中で生き続ける」といった象徴的不死概念がある。また，「自尊心」は，文化的世界観への適合によって得られる，有意味な社会の有能な構成員であるという自覚をさす（脇本，2005）。

　だれ1人として死を免れる者はいない。そういう意味では，「死はどうすることもできない」という学習性無力感が支配しているようにも思えるが，私たちは死に対して完全に屈しているわけでもなさそうである。自尊心が存在論的脅威と密接に関係しているとすれば，教育において生や死をどのように扱うのかが，子どもの自尊心の育成に大きな影響を及ぼすと考えられよう。

9章 授業の過程

1. 発見学習
2. 有意味受容学習
3. 協同学習
4. 個に応じた教育

1. 発見学習

(1) 発見学習とは

発見学習　ブルーナー（Bruner, 1960）は，学習にとって直感的な思考が重要であるとし，課題解決の法則発見を学習者に行わせる発見学習を提唱した。発見学習とは，教師が学習内容（科学の概念や法則）を前もって学習者に提示し教えてしまうのではなく，学習者に発見させる学習である。つまり，問題解決場面で学習者が課題に直面したとき，自分で直感的に仮説を立て，それを検証していく学習であるといえる。発見学習によって，①問題解決に役立つような知識を身につけることができる，②内発的動機づけが高まる，③発見の技法を習得することができる，④学習内容の保持と転移が高まるといった効果が期待できる。

(2) 発見学習の過程

発展学習の典型的な学習過程は，次のような5つの段階を経ることが指摘されている（持留，1978）。

①学習課題の把握：問題場面の中から発見すべき課題を学習者に明確にとらえさせる段階。教師は，学習者が課題把握の手がかりを得やすいようにする必要がある。②仮説の設定：学習者が学習課題を意識したあと，与えられた資料や新しい資料に基づいて，課題解決の仮説を立てる段階。ここでは直観的思考によって仮説を立てる。③仮説のねりあげ：直観的思考によって洞察された仮説が一貫して筋の通った仮説であるかどうかをねりあげ，同時にどのように確かめたらよいかという具体的な検証の条件・方法などを検討する段階。④仮説の検証：前段でねりあげた仮説を，十分な資料を用いて事実と照合したり，証明したり，実験したりして，検証する段階。仮説－検証を数回くり返すこともある。⑤発展とまとめ：これまでに発見した法則や概念をより高次の問題場面に適用し発展させたり，仮説－検証で得られたことがらを最終的に総合し，統一して結論を出す段階。

(3) 仮説実験授業

わが国の理科教育における仮説実験授業は，発見学習の1つとして知られている。仮説実験授業は，板倉聖宣によって提唱された授業の方法であり，一般的な仮説実験授業は，次のような流れで展開する。①学習課題が解答選択問題の形式で児童生徒に提示される。②児童生徒は自分の意見や経験に基づいて解答を選択し，たとえば挙手で答える。③教師の司会によりそれぞれ解答を選んだ理由などの意見交換をする。④再度，解答の選択と集計を提示する。⑤正答をはっきりさせるための決定実験の実施と正答の確認をする。

このような授業のなかで，児童生徒はすでにもっている知識をもとにして，ほかの人たちと意見を交わしながら自分のいだいた興味・関心を高め，実験を行って事実を確かめるという探究活動の一連の道筋を経験する。この経験をくり返すうちに，ただ知識を取り入れるだけではなく，オリジナルな問題を独自に探究して新しい知識を生み出していく態度とノウハウをも身につけることが期待できる（伊藤，1999）。

仮説実験授業

2. 有意味受容学習

(1) 有意味受容学習とは

有意味受容学習とは，オーズベル（Ausubel, 1963）によって提唱された授業理論である。この授業理論は，有意味学習と受容学習の2つの学習を組み合わせて構成された授業理論である。

学習する材料の性質によって，子どもの学習を機械的な暗記学習と有意味学習に区別できる。無意味綴りのような学習者のもっているスキーマ（知識を整理するために必要ななんらかの枠組み）に学習材料を取り入れることができないような場合は，機械的な暗記学習になる。これに対して，学習材料が有意味な場合に成立するのが有意味学習であり，有意味学習とは，学習材料の意味を獲得する学習過程であるといえる。

一方，子どもへの授業内容の与え方の違いによって，発見学習と受容学習に

有意味受容学習
有意味学習
受容学習

スキーマ

区別することができる。発見学習とは、すでに説明したように、学習者がみずから仮説を設定して新しい概念にはたらきかけ、概念観の新しい関係などを発見することである。これに対して、受容学習とは、教師が一斉授業などによって子どもに授業内容を伝達する授業方法である（多鹿，1999）。

(2) 先行オーガナイザー

学習すべき材料が学習者にとって有意味であったとしても、学習者がその材料を容易に取り入れることのできるスキーマを構成していなければ、学習材料は学習者にとって有意味とはいえない。このような場合、有意味受容学習では、前もって教師が意味のあるまとまった内容を子どもに与えることが重要であることが指摘されている。つまり、学習に必要なスキーマ（これを**先行オーガナイザー**とよぶ）を、教師が前もって与えておくのである。

小学校5年生の理科の「花のつくり」の授業（多鹿・川上，1988）では、先行オーガナイザーとして、花の進化に関する授業を5分間実施している（表9-1）。実験群には、先行オーガナイザーを提示し、統制群には提示せず、両者ともに、授業終了直後のテストと遅延テスト（1週間後に直後テストと同一の

● 表9-1　先行オーガナイザーあり群となし群の授業の違い（多鹿・川上，1988）

	先行オーガナイザー あり群	先行オーガナイザー なし群	
5分	先行オーガナイザー めしべ、おしべ、花びら、がくは、中側から順に並んでいる	—	—
5分	1　ハナダイコンの花の形態（実物観察） ほとんどの花は、めしべ、おしべ、花びら、がくを持っている		5分
7分	2　チューリップ（実物観察） めしべ、おしべ、花びら、がくはどれか？ 内側はアブラナの花びら、外側はアブラナのがくと同じもの		7分
7分	3　タンポポ（実物観察） めしべ、おしべ、はなびら、がくはどれか？		7分
2分	花には色々な種類、形があるが、アブラナやハナダイコンの花を参考にして他の種類の花も見ていけばわかりやすい		2分
—	—	桜の花びらの一重と八重について	5分
合計28分			合計28分

テストを行う）を実施した。その結果，先行オーガナイザーを提示された実験群のほうが，統制群に比べて2種類のテストの成績がよかったことから，先行オーガナイザーの効果が指摘されている。

先行オーガナイザーには，これまでに学習した内容と比較させる比較オーガナイザーや，それ以降の学習内容を要約した全体像を示す説明オーガナイザーなどがある。いずれも，これらの事前情報が子どもにとってのスキーマとなり，子どもの知識獲得が促進されると考えられる。たとえば，単元のはじめなどで，これからの学習内容の全体像を示し，その後に本時の内容がその中のどこに位置づくのかを説明した上で，個々の学習内容を教えれば，子どもの学習は比較的容易になると考えられる。

> 比較オーガナイザー
> 説明オーガナイザー

3. 協同学習

(1) 協同学習とは

協同学習とは，「小グループの教育的使用であり，学習者自身の学びと学習仲間の学びを最大限にするためにともに学び合う学習法」のことである。この協同学習に注目が集まる背景には，伝統的な教育において競争が強調されすぎたことに対する対案としての位置づけがあると考えられる（Barkley et al., 2005）。協同学習は，授業の満足度や学習への動機づけを高めることや，学習仲間が互いの学習によい影響を与え，好ましい人間関係の形成を実現するといった効果があると考えられている。

> 協同学習

(2) バズ学習

話し合いで授業を活性化するバズ学習では，各グループであるテーマについて話し合いを行う。実施する際には，グループの人数は4～6人，時間は5～10分間が目安とされている。一般的には，クラス全体の話し合いのウォーミングアップとしての役割を果たすことが多い。バズ（buzz）の語源は，蜂が密集したときにブンブンとうなる音であり，話し合いでは意見が一致する必要はなく，たんに意見交換を行う。実施に際しては，机の配置の指示やグループの

> バズ学習

役割分担（司会者を決めること）や話し合いのルールの共有などの準備が必要である。また，話し合いやすく興味・関心をもって取り組めるテーマ設定や発問も重要となる。雰囲気づくりとしての利用にとどまらず，授業内容との関連づけを計画し，効果的に導入することが求められる。

(3) ジグソー学習

ジグソー学習　教え合いの活動を取り入れるジグソー学習は，アロンソンら（Aronson et al., 1975）によって提唱された。このジグソー学習では次のような手順の通り学習を進める。①ジグソー・グループをつくる。②学習内容を分割した教材をカウンター・パート・グループで学習する。このとき，それぞれのグループから1人ずつ集まる。③ジグソー・グループにもどり，カウンター・パート・グループで学んだことを仲間に教える（図9-1）。この方法は，調べ学習の場面などで活用されている。たとえば，小学校3年生の算数の「箱の形」の授業では，「どんな箱でも作れる箱作り名人になるために，「箱のつくり」について調べよう」という単元の課題を設定し，カウンター・パート・グループでの学習において，「サイコロ」「小物入れ」「車」という3つの教材を設定することができる（福岡県教育センター，2004）。

(4) LTD

LTD　予習と話し合いのセットで読書課題の理解を深めるLTDとは，Learning Through Discussionの頭文字であり，小集団での話し合いや議論を通して学ぶ手法である（安永，2006）。講義形式からの脱却，つまり「学び」のおもな

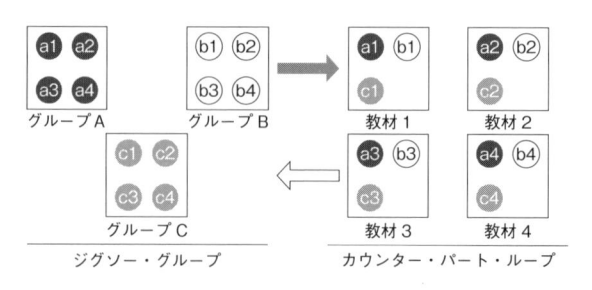

● 図9-1　ジグソー学習（馬場，1996を参考にして作成）

活動を教員側から学習者側に移すことを可能にすると考えられる。

　LTDは，テーマについて小集団で，話し合わせるだけではない。LTDは「予習セクション」と「ミーティング（話し合い）セクション」で構成されており，ミーティングをするために個人が予習してくる過程を重視する。具体的には，学習課題として与えられた教科書や資料といったテキストをまず個人レベルで理解した上で，他のメンバーと学習課題について議論する。

　予習セクションでは，学習課題を読み込むことによって第1段階の学習が行われる。ここで，その学習者レベルでの学習（閉じた学習）は完了したといえる。ミーティングセクションでは，同じ学習課題を予習してきた他のメンバーとミーティングすることで，自分では気づかなかったことや自分とは異なる解釈にふれることになる。このミーティングでは，なぜそのような解釈をしたのかを聞いたり，説明したり，あいまいなままになっていた部分を明確にしたりと，1人だけではできない学習が可能になる（開かれた学習）。

　LTDでは，配分時間や何をすべきかが時系列順に示されている「LTD過程プラン」とよばれる「学習の型」にしたがって学習を進める。一般的なLTD過程プランは，次のような8つのステップで構成されている。①導入：雰囲気づくり，②語彙の理解：言葉の定義と説明，③主張の理解：全体的な主張と討論，④話題の理解：話題の選定と討論，⑤知識の統合：他の知識との関連づけ，⑥知識の適用：自己との関連づけ，⑦課題の評価：学習課題の評価，⑧活動の評価：学習活動の評価。

　この方法は，大学での活用を想定して開発されてきたが，須藤と安永（2011）は，一般的なLTDが「自宅での予習」と「授業中のミーティング」という流れで実践されるのに対して，小学校でも実施できるように「予習」と「ミーティング」を授業時間内に実践する方法を考案し，小学校でも実施し効果があることを確かめている。

4. 個に応じた教育

(1) 適性処遇交互作用

適性処遇交互作用
ATI

クロンバック（Cronbach, 1957）は，学習指導法の効果が，学習者の特性によって異なって現れる現象を指摘し，これを適性処遇交互作用（aptitude treatment interaction: ATI）とよんだ。ここでの適性とは，知能，性格，認知スタイルのような学習者の属性であり，処遇とはその学習者に対する教育方法のことである。

たとえば，スノウら（Snow et al., 1965）の研究結果では，対人積極性が高い学生には，教師による指導の方で得点が高く，対人積極性が低い学生には，逆転して映画による指導の方で得点が高い。このように学習者の個人特性によって，交互作用（教育方法の効果が適性によって影響されること）があることが示されている（図9-2）。

このとき，その交点となる適性を境に，2つの処遇を切り換えることによっ

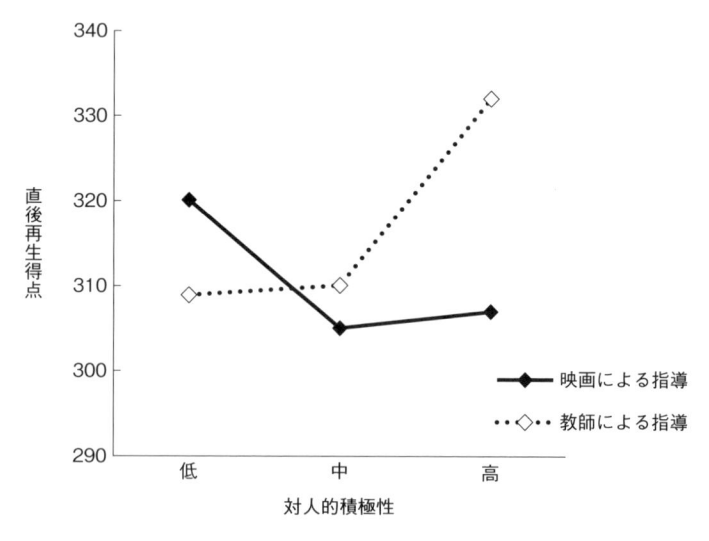

◑ 図9-2 適性処遇交互作用（Snow et al., 1965を参考にして作成）

て，全体として高い効果が得られることになる。つまり，個人特性をもとに，教育効果を「最適化」することができる。さまざまな特性の学習者たちが対象となる一斉授業という授業形態を前提にして考えると，ATIに基づいて授業を最適化するには限界があるが，個別学習や個別指導の環境が整えば，学習履歴や個人特性のデータをもとに，学習者自身が教師の援助を受けつつ，自分に合った方法を選択しつつ学習していくということも現実化してくる。この場合，ATIに基づいた授業の最適化の可能性が高まると考えられる（市川，1996）。

　また，授業形態にかかわらず，ATIの考えに基づけば，学習者の個性を尊重し，それぞれの個性に合わせた学習指導法を選択的に用いなければならない。そのためには，診断的評価によりレディネスを把握することが必要である。このことを考慮して学習指導案作成の際には，児童観や生徒観のような児童生徒の特徴について記述する欄に，適性という観点から児童生徒の本時授業におけるレディネスなどを記述する必要があるだろう。

　　診断的評価
　　レディネス

(2) 完全習得学習

　ブルーム（Bloom, B. S.）によって提唱された完全習得学習では，どのような子どもでも時間さえかければ学習内容の95％くらいは理解できるはずだという前提に立って学習指導を行う。そのための方法として，①小グループによる学習，②チューターによる1対1の指導，③必要に応じて生徒に合ったテキストに変更すること，④ワークブック，プログラム学習などを適切に用いること，⑤視聴覚教材，ゲーム感覚の教材を用いること，などをあげている（大芦，2008）。

　　ブルーム
　　完全習得学習

　完全習得学習は，次のような手順で実施される。①一斉指導：ひとまとまりの学習内容（単元または小単元）を学習単位の一斉指導で教える。②形成的評価：学習成立のようすを把握するための小テストを実施する。③補充・定着・発展学習：②の結果を参考に，一人ひとりの状況に応じた指導を実施する。理解や習熟の不十分な子どもたちには治療的な補充指導を行い，すでに学習が成立している子どもたちには，いっそうの定着をめざした学習や発展学習にその時間をあてる。このようなサイクルを経て一定の学習指導が修了した段階で最終テスト（総括的評価）を実施する（奈須，1997）。

　　形成的評価

　　総括的評価

この方法は，子どもの学習内容の理解度をチェックし，個々の理解度に応じた指導が行われることに特徴がある。この考え方を利用し，授業を見直すとするならば，形成的評価を重視し，小テストだけに限らず，観察などから得られた日々の子どものようすに関する情報をもとに，個々の理解度の把握に努める必要がある。

(3) 学習曲線

学習曲線

学習曲線とは，縦軸に学習の成果，横軸に時間や練習回数をとって学習の過程を示した図のことである。この曲線には，直線状学習曲線や積極的加速度曲線，消極的加速度曲線などが紹介されている（図9-3）。また，このような直線的な変化だけでなく学習開始直後は，学習効果が順調に上昇を示すが，途中で一時的に停滞するプラトー現象（高原現象）という曲線も紹介されている。この現象は，低次の技能の習得が完成し，より高次の技能が要求される時点で生じるといわれる。

プラトー現象（高原現象）

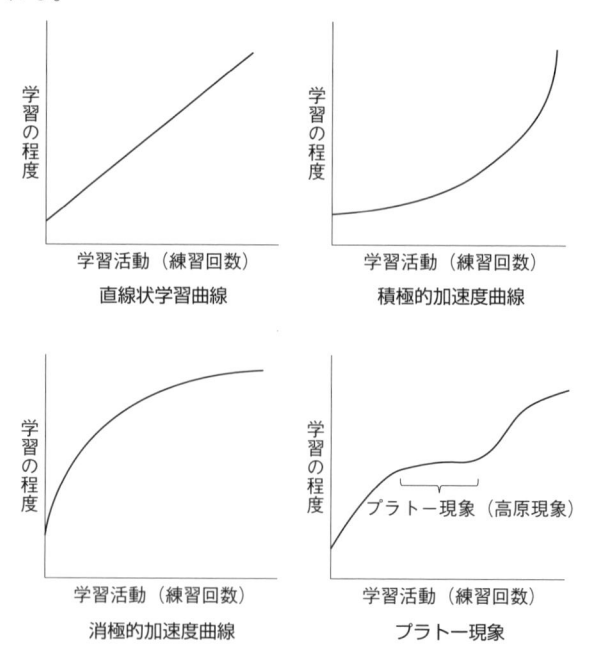

● 図9-3 さまざまな学習曲線（折原，1998を参考にして作成）

一人ひとりの成長に目を向けた場合，クラスの全員が正比例のグラフのように，時間とともに直線的に成長していくとは考えがたく，プラトー現象（高原現象）から抜け出す時期も一人ひとりで異なることが予想される。教師は，子どもたちの変化を確認し，それぞれの成長の差異を確認しながら，個々の子どもたちの成長に向き合うことが求められる。

> **Column 9** 話し合いを支える教師とは

　協同学習や学び合う授業への注目が高まっている。しかし、「話し合いを中心にした授業づくり」のための手立ては十分に共有されていない。「話し合いを中心にした授業づくり」を実現していくためには、話し合いを支える教師の特徴や具体的な手立てについて明らかにされる必要がある。

　松尾と丸野（2007）は、すでに教育現場で話し合いを中心とした学習を進めている熟練教師の日常実践の過程を紐解いている。そのなかで、子どもたちが学び合う授業を実現するためには、教室において話し合いを支えるグラウンド・ルール（以下：GR）が教室で共有されている必要があると指摘している。ここでのGRは「相互の意見の違いを認め、それらを絡み合わせる対話を支えるような暗黙の前提」（具体的なルールの内容は表を参照）のことである。話し合いを支えるようなGRを共有させ、話し合いによる学び合いを実現する教師とは、「文脈や状況に応じた即興的なはたらきかけ」を行う教師である。その時々における話し合いの流れや子どもたちのようすなどの授業の文脈に応じるという即興的なはたらきかけは、たとえば、話し合いを支えるために必要となるGRを生成する段階や共有するためにはたらきかける段階で発揮されることになる。

　では、教師のもつどのような特徴が、「即興的なはたらきかけ」を可能にしたのか。松尾と丸野（2007）では、次のような教師の特徴をあげている。①教師は、「子どもたちの学びが深まるためにはお互いに話をつなげ、絡め合うことを通じて、新たな考えを生み出す」対話が必要であるという授業観（対話観）をもっていた。②教師は、発言のなかで示されている部分だけでなく、その発言の背後にどのような思考がはたらいていたのかに注目しながらかかわっていた。③教師は、授業外の文脈でも積極的に子どもと対話し、その対話と授業中とをつなげていた（たとえば、班日記の活用）。

　話し合いによる学び合いを実現する教師とは、どんな教師か。対話のよさについて信念をもち、子どもたちとのやりとりを楽しむ教師像がみえてくる。

● 表　「話し合いのグラウンド・ルール」（松尾・丸野，2007を参考にして作成）

グラウンド・ルール	発話例
話し合いのなかでの「お互いの考えとの向き合い方」	
①自分なりの考えを大切にする： 　（意見交流の開始時の発話）「ちょっとの違いを大切にせないかんとよ。それが自分の感じ方だからね」	
②自分の立場にこだわる： 　（M. R.さんから、異なる立場の意見を提示された児童Y. H.に対して）「それは、M. R.さんの考えよ。君が納得するかどうかは別よ。食い下がらないかんとよ」	
③話し合いのなかで考えをつくる・変える： 　（班での話し合いの途中での発話）「情報交換しいよ、自分の考えつくるために話しよるっちゃけんね」／（意見交流の最中での発話）「自分の読みを出していくことによって、人のヒントになるね」	

10章
知能と創造性

1. 知能とは
2. 知能検査
3. 学業不振児
4. 創造性

1. 知能とは ...

(1) 知能の定義

　知能とは，人間や動物の行動を観察し，その知的水準の高さの違いを説明するために，そのような行動の基礎にあるものとして想定された構成概念とされている（田中，1985）。知能の定義は，研究者によって異なり，少なくとも①抽象的思考能力，②適応能力，③学習能力，④生得的素質，⑤洞察，⑥動作特徴などに基づいた定義がある。一方で，学力とは教育目標，教育課程のもとに学習され，獲得された認知的・情意的・技能的能力である。知能が学習の可能性であるのに対して，学力は学習の結果であると解釈することもできる。

　1890年代から20世紀初頭にかけては，知能は生得的なものであると考えられていた。つまり，知能は遺伝によって規定され，生涯を通じて大きく変動しないという考え方である。しかし，その後の議論で，家庭環境，社会環境，教育活動による知能への影響が指摘され，環境による影響も大きいことが認識され始めた。現在は，遺伝と環境の両方が相互に影響しあって知能が形成されるとする相互作用説が一般的である。

(2) さまざまな知能説

ビネー　　知能検査を考案したビネー（Binet, A.）は，知能を全体としてまとまった能力であるとしてとらえていたが，その後，いくつかの要素から構成されるという立場をとる説が出てきた。

スピアマン　　スピアマン（Spearman, 1904）は，知能にはすべての知的活動に共通に働く一般的知能因子（g因子）と個々の知的活動のみに特有な特殊知能因子（s因子）の2因子から構成されているとする二因子説を唱えた。一般因子としての内容は，自分が経験したことの特徴を認知する能力，複数の観念間の関係を認知する能力，ある観念とそれに関係した特定の関係が与えられると，その観念と関係のある他の観念を思いつく能力をあげている。

サーストン　　サーストン（Thurstone, 1938）は，空間（S），知覚（P），数（N），言語

理解（V），記憶（M），語の流暢性（W），推理（I/R）などの多因子説を唱えた。これらの知能因子は，知能検査の得点に対して，因子分析という統計的手法を用いて明らかにされた構成概念のことである。空間因子は，空間的パターンを正確に知覚し，これを互いに比較する能力のことである。知覚因子は，まぎらわしい材料のなかから，特定の図柄を探し出す能力のことである。数因子は，数の演算の能力である。言語理解因子は，語の意味の正しい把握や，文章理解にかかわる知的能力である。記憶因子は，機械的に記憶する能力である。語の流暢性因子は，語の発想の流暢さに関する能力である。推理因子は，帰納的推理や演繹的推理の能力である。

因子分析

バート（Burt, 1949a, 1949b）は，階層因子説を提唱した。基本的にはスピアマンの一般因子（g因子）を想定し，因子間の関係を階層的にとらえたモデルである。一般因子を最も高いレベルに位置するとし，それより低いレベルの順に関係の水準，連合の水準，知覚の水準，感覚の水準とした。関係の水準とは，科学的・論理的思考過程や審美的な認知過程の能力である。連合の水準とは，記憶や習慣形成の能力である。知覚の水準は，やや複雑な過程の知覚や組織化された動きの能力である。感覚の水準は，単純な感覚や動きの能力である。

ヴァーノン（Vernon, 1950）は，階層群因子説を提唱した。階層群因子説でも，知能の因子間に階層関係が想定されている。最も高いレベルに一般因子（g因子）があり，その次の階層に2つの大群因子，すなわち，言語的-数的-教育的因子と実際的-機械的-空間的-身体的因子がある。たとえば，実際的-機械的-空間的-身体的因子では，実際的因子，機械的因子，というように，大群因子は小群因子に分けられる。さらに，最も低いレベルにおいて特殊因子が存在する。

キャッテル（Cattell, 1963）は，知能を結晶性知能と流動性知能の2つに分けた。結晶性知能とは，単語や数，地理や歴史などの一般的・基礎的な能力であり，文化や教育の影響を受けやすい。能力のピークに達する時期が遅く，老化による衰退が緩やかであるという特徴をもつ。他方，流動性知能とは，新しい状況に対する適応能力であり，文化や教育の影響を受けにくい。個人の能力のピークが早く，老化にともなう能力の衰退が顕著であるという特徴をもつ。

キャッテル
結晶性知能
流動性知能

ギルフォード　　ギルフォード（Guilford, 1967）は，内容，所産，操作の3次元からなる知性の構造モデルを提唱した。内容は4つ（図的，記号的，意味的，行動的），所産は6つ（単位，類，関係，体系，変換，含み），操作は5つ（評価，収束的思考，拡散的思考，記憶，認知）から構成されており，これらの組み合わせから120の因子が想定されている。内容とは，知能検査において与えられる情報の中身であり，所産とは情報の伝え方を意味する。操作とは，情報に加える心理的作用のことである。

2. 知能検査

(1) 知能検査とは

知能検査　　知能検査とは，知能を客観的に測定するために考案されたものである。知能検査を最初に開発したのは，1905年のフランスにおけるビネーとシモン（Simon, T.）であった。その後の改訂によって，知能検査の結果を表す指標として精神年齢（Mental Age: MA）が使用された。これは，知能を年齢相当で測定する指標であった。1916年にターマン（Terman, 1975）がスタンフォード・ビネー式知能検査を作成し，精神年齢と生活年齢を同時に考慮した知能指数（IQ）を導入

知能指数　　した（表10-1）。知能指数が100よりも著しく低い場合，発達の遅れが疑われる。

　　日本においても，鈴木治太郎，田中寛一，武政太郎が，ビネー式の改訂版を刊行した。1917年には，第一次世界大戦に参加する新兵の分類，配置の手段として陸軍α式，陸軍β式の集団知能検査が，ヤーキーズによって作成された（Yerkes, 1921）。α式は言語問題のみを使用する検査であり，β式は言語を

● 表10-1　知能指数，知能偏差値，偏差知能指数の式

$$知能指数(\text{Intelligence Quotient: IQ}) = \frac{精神年齢}{生活年齢} \times 100$$

$$知能偏差値 = 10\left\{\frac{個人の得点 - 集団の平均点}{集団の標準偏差}\right\} + 50$$

$$偏差知能指数 = 15\left\{\frac{個人の得点 - 集団の平均点}{集団の標準偏差}\right\} + 100$$

生活年齢（Chronological Age: CA）とは，知能検査を受けたときの実年齢をさす。

使用しない検査である。これらは，集団で実施する検査であり，紙と鉛筆を用いた検査であった。

(2) ウェクスラー式知能検査

全般的な知能を検査するのではなく，知能の下位領域を測定しようとする検査も開発されている。ウェクスラー式知能検査が代表的であり，対象年齢によって成人用（Wechsler Adult Intelligence Scale: WAIS），児童用（Wechsler Intelligence Scale for Children: WISC），幼児用（Wechsler Preschool and Primary Scale of Intelligence: WPPSI）がある。この検査は，言語性検査と動作性検査から構成されている。

ここでは，児童用のWISC-Ⅳの内容について紹介する（Wechsler, 2010）。WISC-Ⅳは5歳0か月から16歳11か月の子どもの知能を測定する個別式の検査であり，WISC-Ⅲの改訂版である。WISC-Ⅳは，特定の認知領域の知的機能を表す4つの合成得点，「言語理解指標（Verbal Comprehension Index: VCI）」「知覚推理指標（Perceptual Reasoning Index: PRI）」「ワーキングメモリー指標（Working Memory Index: WMI）」「処理速度指標（Processing Speed Index: PSI）」とともに, 子どもの全般的な知能を表す合成得点「全知能IQ（Full Scale IQ: FSIQ）」を算出することができる。言語理解指標は，推理, 理解，および概念化を用いる言語能力を評価する下位検査で構成されている。知覚推理指標は，知覚推理および知覚統合を評価する下位検査で構成されている。ワーキングメモリー指標は，注意, 集中，およびワーキングメモリーを評価する下位検査で構成されている。処理速度指標は，認知処理および描写処理の速度を評価する下位検査で構成されている。

(3) 知能検査結果の表し方

知能検査は，一般に実施される集団の代表的見本に対して基準を設定されており（すなわち標準化されており），結果は数量的に表される。検査方法に従って実施し, 採点結果を尺度上に位置づけることによって知能をとらえている。偏差値によって表される知能偏差値は，同年齢集団内での相対的位置を示す指標であり，平均的知能レベルは50になる。また，平均的知能レベルが100にな

> Wechsler Adult Intelligence Scale: WAIS
> Wechsler Intelligence Scale for Children: WISC
> Wechsler Preschool and Primary Scale of Intelligence: WPPSI

> 知能偏差値

るように作成された偏差知能指数もある（表10-1）。

　知能検査には，妥当性が必要である。つまり，知能検査の内容が測定しようとしている領域の知能を適切に測定できていることや，知能検査によって測定された得点が，現在の学力試験やその後に実施される学力試験の評点と相関があること，知能検査が理論から導き出された構成概念をよく測定していることを満たしていなければならない。また，知能検査には信頼性も必要である。同じ対象に，知能検査を2回以上実施したときに，ある程度相関のある結果が示さるような検査でなければならない。また，知能検査の問題が一貫した内容を測定していることも必要である。

3. 学業不振児

(1) 勉強ができない子ども

　勉強ができない子どもと一口にいっても，事情はさまざまである。三浦(1996)によると，学習不振児は6つに分類が可能であるという。

①学習遅進児：理解あるいは記憶するのに多くの時間を必要とする子どもである。このような子どもは，時間をかければ，学力を向上させることは可能であっても，学校の授業時間には制限があるため，不十分な状態になっている。

②学習の前提知識の不足：学習時に期待されている水準の学力を有していない子どもである。

③知的能力の低さ：知的障害がある子どもである。

④低学力児：学習集団のなかで相対的に学力水準が低い子どもである。学力の偏差値が低い子どもをさす。

⑤アンダーアチーバー：その子の知能水準と比較して学力水準が低い子どもである。

⑥勉強が嫌い，やる気のない子ども：学校の勉強が嫌いな子どもや，勉強に関心をもたない子どもである。

（欄外）アンダーアチーバー

(2) 知能水準と学力水準の違い

　ここでは，前述の⑤にも関係する知能水準と学力水準からみた学業不振児についてみていく。知能と学習との間には一般に正の相関関係があることが知られている。しかしながら，知能に対して学習が不十分であったり，反対に予測される以上の学習が認められたりする場合もある。知能水準と比較して学力水準が低い場合をアンダーアチーバー，能力以上の学力を発揮している場合をオーバーアチーバーとよぶ。

　フランツェン（Franzen, 1920）は，このような違いを数値化するために成就指数を提唱した。成就指数とは，知能に対する学力の程度を表す指標である（表10-2）。教育指数とは学力検査の結果と実際の年齢とによって求められる値である。知能相応の学力があれば，成就指数は100となる。知能に比べて，それ以上の学力が示されれば100より大きな値になり，知能に比べて，学力が劣っている場合は100より小さな値になる。また，ピントナーとマーシャル（Pintner & Marshall, 1921）は成就値を提唱した（表10-2）。成就値は学力偏差値と知能偏差値の差得点を求めることで算出する。成就値が0で知能相応の学力と判断される。知能に比べて，それ以上の学力が示されれば0より大きい値になり，知能に比べて，学力が劣っている場合は0より小さい値になる。ただし，この成就値では，知能偏差値が高い者は成就値が低く，知能偏差値が低い者は成就値が高くなる傾向がみられる。これを回避するために，知能偏差値から期待される学力偏差値を回帰式にて推定し，回帰成就値（Regression Achievement Score: RAS）を算出する方法もある（池田，1982）（表10-2）。

オーバーアチーバー

● 表10-2　成就指数，教育指数，成就値，回帰成就値の式

$$\text{成就指数} = \frac{\text{教育指数}}{\text{知能指数}} \times 100$$

$$\text{教育指数} = \frac{\text{教育年齢}}{\text{暦年齢}} \times 100$$

成就値 ＝ 学力偏差値 － 知能偏差値

回帰成就値(RAS) ＝ 学力偏差値 － 知能偏差値から期待される学力偏差値

(3) 学業不振の原因

　一般に，学業不振には学習活動の質と量が関係する。学習活動に影響するのは，学習意欲，興味・関心，能力，性格，学習知識といった個人要因，学校や教師の要因，親の要因，学習内容，友人などの外的要因があげられる。学習意欲を高める場合について考えてみると，まず，失敗を能力に帰属させずに努力に帰属させることがたいせつである。失敗の原因を個人に安定した能力へと帰属することは，学習の動機づけを低下させてしまう。さらに，能力への帰属をくり返すうちに，無力感を抱き，無気力になってしまう恐れがある。

　また，子どもの有能感（コンピテンス）を育てることもたいせつである。そのためには，教師は適切にほめたり賞賛したりすることが必要である。子どもの長所を伸ばし，「できる」という気持ちをはぐくむことによって，子どもは高い学習意欲をもつようになる。ピグマリオン効果で示されているように，教師が子どもに期待することが，子どもたちの意欲を高め，学力の向上に寄与することもある。子どもたちが意欲的に取り組めるような教授法や学習内容を用いることも重要である。

　学業不振の原因はいろいろあるが，原因を調べるための１つの方法として，教研式学習適応性検査（Academic Adjustment Inventory: AAI）（辰野・応用教育研究所，2009）がある。この検査では，学習意欲，計画性，自己効力感，自己統制，メタ認知など，学力と関連の強い特性を質問紙によって測定し，学習指導に役立てることができる。また，この検査は，小学校１年生から高校３年生まで幅広い年齢を対象にしている。

4. 創造性 ・・・

(1) 創造性とは

　創造性の定義はさまざまである。知的能力の一側面とみるようなものもあれば，人格特性とみなすものもある。トーランス（Torrance, 1962）によれば，創造性とは，現時点において足りない要素を感知し，その要素に関する考えま

たは仮説を形成し，その仮説を検証し，その結果を人に伝達する過程であるとしている。このように，創造活動の過程を重視する立場もある。

　創造性は，領域に依存するとの考えもある。すなわち，内容によって必要とされる創造性は異なるという考えである。たとえば，物理や化学といった自然科学の創造性と芸術の創造性の違いがあげられる。自然科学の創造性は，原因・結果の関係の法則化に関心があり，普遍的である。これに対して，芸術の創造性は，構図の美，メロディーの美，言葉の美といった感性をともなうもので，時代とともにその美しさの内容は変わっていく場合もある。

　ギルフォード（Guilford, 1959）は，創造性として，問題に対する敏感さ，流暢性，柔軟性，独創性，再構成，綿密さの6つを示している。問題に対する敏感さとは，問題点や改善を敏感に読み取る能力である。流暢性とは，次々とたくさんのアイデアを生み出す能力である。柔軟性とは，特定の解決方法にこだわることなしに，多方面にわたって解決方法を求める能力である。独創性とは，非凡なアイデアを生み出す能力である。再構成とは，ある概念を一度分解した後に，再構成・再定義する能力である。綿密さとは，細かい点にまで注意を払って完成させるまでの能力である。問題解決を行う過程において，2つの思考の種類がある。1つに限らないさまざまな解決の可能性を広げて探る拡散的思考と，論理的に唯一の適切な解決に収束させる収束的思考である。拡散的思考および収束的思考はギルフォードの知性の構造モデルのうちの操作に含まれている。創造性に属する因子のほとんどは，拡散的思考に分類される。

拡散的思考
収束的思考

　知能が環境の影響を受けながら発達していくならば，そこに内包される創造性も発達的な変化を遂げていくものと考えられる。トーランス（Torrance, 1962）は，幼児の創造性を伸ばしていくことが後の創造性を高めることに繋がることを指摘している。西浦（2011）は，創造性を高める教育について，幼児期においては，気づきによる試行錯誤をくり返し，好奇心や探究心をもたせ，見通しをもって着想を積み重ねる体験活動が，着想レベルから抜け出し，発想レベルにいたるまでのレディネスづくりを促進している可能性があると指摘している。

(2) 創造性の測定

　知能を新しい場面における問題解決能力，または思考能力と考えれば，創造性は知能の概念に含まれる。しかし，一般的な知能検査は，解答のある収束的思考を測定するものであるから，創造性を測定するための検査には適さないことが多い。実際，知能検査で測定される知能と創造性検査で測定される創造性の間には，相関がないあるいは低い正の相関しかないという報告がみられる。

　創造性の検査には，ギルフォードの考案した拡散的思考を測定するための創造性テストを日本的に翻案し，標準化された「S-A創造性検査」（日本創造性心理研究会，1969）がある。この検査では，速さ，広さ，独自さ，深さ，の角度からとらえられている。検査で測定された得点は，知能テストとは0.20前後，学力との相関が0.20〜0.30ほどであることが確認されている。

(3) 創造的な思考

　創造的な思考においては，共通した過程がみられる。それは，準備期，あたため期，啓示期，検証期である。準備期とは，創造的思考の方向性を定めることや，問題解決に必要な材料の準備を行う段階である。あたため期とは，解法のわからない問題を長時間そのままにしておく段階である。この段階では，自発的に集めた材料が再体制化され，整理されることがある。啓示期とは，思いがけない時に，突然にひらめきがやってくる段階である。検証期では，啓示期で産出された創造的思考を冷静に検討する段階である。

　創造的な問題解決の場面で，拡散思考を一時的に高める方法としては，KJ法やブレーン・ストーミング法などがある。KJ法は，川喜田（川喜田・田中，1970）が創案した情報を整理し，仮説の発想を導く方法である。1枚のカードに1つの主題に限定して書き出し，多数のカードについて，同類，対立，相関，因果，上下位などの関係に置いて全体の構造を図解する方法である。また，ブレーン・ストーミングとは，オズボーン（Osborn，1963）が考案した発想法である。他者のアイデアについて評価・批判しない，自由奔放なアイデアを尊重する，アイデアの量を求める，他人のアイデアの結合と改善する原則をもって，一人ひとりがアイデアを発表する集団思考法である。

Column 10　情動知能

　知能は，学力と正の相関があるものとされている。学校では，知能を高める教育がなされてきた。しかしながら，いじめや問題行動などの現代の学校が抱える課題には，知能を高めることだけでは不十分であることが指摘されている。そこで，注目されているのが情動知能（Emotional Intelligence）である。

　Goleman（1995）によれば，情動知能は知能と対立する概念ではなく，異質の知性であるとされている。情動知能はサロベイとマイヤー（Salovey & Mayer, 1990）によって，自分自身や他者の感情，情動を識別したり，モニターしたりする能力や，自分の考えや行動を導くためにこれらの情報を使う能力に関する社会的知能の集合と定義されている。その構成要素を大きく分けると，①情動の活用，②情動の制御，③情動の評価と表出からなる。

　情動の活用では，目標達成に向かって自分の気持ちを奮い立たせる能力である。すなわち，快楽をがまんする，衝動をこらえるといったセルフ・コントロールである。情動の制御では，不安や憂うつ，いらだちを振り払う能力である。情動の評価と表出では，自分自身の情動をモニターしたり，他者の情動を正しく認識したりすること（共感）である。

　児童の情動知能の測定には，児童用情動知能尺度がある（皆川ら，2010）。情動知能を高めるためには，社会性と情動の学習（Social and Emotional Learning: SEL）プログラムが開発されている。SELプログラムは，約80種類のプログラムから構成されており，自己のとらえ方と他者とのかかわり方を基礎とした，対人関係に関するスキル，態度，価値観を身につけることが目標である。SELプログラムのなかでも，自己への気づき，他者への気づき，自己のコントロール，対人関係，責任ある意思決定といった5つの基礎的社会的能力および生活上の問題防止スキル，人生の重要事態に対処する能力，積極的・貢献的な奉仕活動といった3つの応用的社会的能力を育成するSEL-8S学習プログラムが考案されており（小泉，2011），小学校および中学校への導入方法について，小泉と山田（2011a, 2011b）で紹介されている。

11章
発達障害

1. 発達障害とは
2. 広汎性発達障害
3. 学習障害（LD）
4. 注意欠陥多動性障害（ADHD）

1. 発達障害とは

(1) 発達障害の種類

発達障害
自閉症
アスペルガー症候群
広汎性発達障害
学習障害（LD）
注意欠陥多動性障害（ADHD）

発達障害者支援法第二条によれば，発達障害とは，自閉症，アスペルガー症候群その他の広汎性発達障害（Pervasive Developmental Disorders），学習障害（LD），注意欠陥多動性障害（ADHD）その他これに類する脳機能の障害であって，その症状が通常低年齢において発現するものとして政令で定めるものをいう。2002年に文部科学省が行った調査では，学級担任を含む複数の教員により判断されたものではあるものの，発達障害のある児童生徒が通常学級に通っている割合は6.3%であることが示されている。

2005年には，発達障害者支援法が施行された。その第一章の総則には以下のように目的が記されている。「発達障害者の心理機能の適正な発達及び円滑な社会生活の促進のために発達障害の症状の発現後できるだけ早期に発達支援を行うことが特に重要であることにかんがみ，発達障害を早期に発見し，発達支援を行うことに関する国及び地方公共団体の責務を明らかにするとともに，学校教育における発達障害者への支援，発達障害者の就労の支援，発達障害者支援センターの指定等について定めることにより，発達障害者の自立及社会参加に資するようその生活全般にわたる支援を図り，もってその福祉の増進に寄与することを目的とする」。ここから，障害をもつ人の早期発見，早期支援，学校教育や社会における支援のあり方についての国や地方公共団体の責務についてうかがい知ることができる。

2007年4月に施行された学校教育法によって，特殊教育から特別支援教育への転換が図られた。特別支援教育の対象は，それまで特殊教育において対象とされてきた視覚障害，聴覚障害，知的障害，肢体不自由，病弱・身体虚弱，情緒障害，言語障害のある児童生徒に加えて，学習障害，注意欠陥多動性障害，高機能自閉症などの児童生徒も含まれるようになった。これは，通常学級にいる発達障害のある児童生徒に対する支援の充実を図るものになっている。特別支援教育では，教育の場を固定するのではなく，それぞれの教育的ニーズに柔

軟に対応していくことが求められている。特別支援教育では，インクルージョンという考え方が基本となっている。インクルージョンとは，障害のある人に対して，典型的な日常社会におけるすべての教育，雇用，消費，余暇，地域，家庭活動における機会を保障するものである。

(2) 発達障害のある子どもへの指導

発達障害のある児童生徒への指導においては，得意な面を伸ばしていき，自信をもたせていくことがたいせつである。不適切な行動を減らしていくためにも，不適切な行動に注意や叱責を与えるよりも，適切な行動をした時の賞賛やほめを重視することが望ましい。指導にあたっては，個別的な指導が中心になるにしても，その環境となる学級づくりはたいせつである。児童生徒どうしに仲間意識があり，ルールが遵守され，お互いを認め合い，思いやり，意欲と責任感をもち，自己解決能力そして成就感・達成感のある学級づくりをめざして学級経営をしていくことが求められる。

発達障害名については，障害をもつ人を理解するうえでの補助的な意味合いであって，けっして障害名から人を理解するものであってはならない。障害の診断は，その人の心身の理解を深め，その人の立場になって考えることができるようにするためのものである。

発達障害がある児童生徒は，抱えている障害のみに悩まされているとは限らない。発達障害そのものによる障害を一次障害とよび，一次障害によって派生的に起きてしまう障害を二次障害とよぶ。発達障害が原因で，友だちとトラブルを起こしてしまい，学級不適応や，うつ病になることなどが二次障害である。教師は，常に二次障害の可能性を考慮しながら，対応していく必要がある。

(3) 学校における指導体制

学校における指導体制については，学年あるいは学校という組織全体のチームで取り組む必要がある。その際，情報の共有や共通理解は不可欠である。校内委員会の設置や特別支援教育コーディネーターの指名，教育委員会における専門家チームや巡回相談体制などの整備が必要である。また，保護者や関係機関との連携が必要である。発達障害のある児童生徒をもつ保護者は大きな不安を抱

えている。学校の考えを一方的に押しつけるような対応ではなく，保護者の気持ちを理解して信頼関係を築き，ともに見守っていく必要がある。連携できる関係機関には，医療や福祉などがある。

〔注記〕近年では障がいあるいは障碍と表記することもあるが，本章では，発達障害者支援法から定義を引用したため，障害と記している。

2. 広汎性発達障害

(1) 広汎性発達障害の定義

広汎性発達障害（Pervasive Developmental Disorders）とは，ICD-10（融ら，2005）やDSM-Ⅳ-TR（高橋ら，2004）などの国際的診断分類のなかで，幼少期に現れる症候群の1つとされている。相互的な対人関係能力技能，コミュニケーション能力，または常同的な行動，興味，活動の存在などで発達に広範な障害がみられるものである。DSM-Ⅳ-TRでは，自閉性障害（自閉症），レット障害，小児期崩壊性障害，アスペルガー障害，特定不能の広汎性発達障害の5つの障害に分類されている。

(2) 自閉症

自閉症は1943年に，アメリカの精神科医カナー（Kanner, 1943）によって早期小児自閉症として報告された。1944年には，オーストラリアの小児科医アスペルガー（Asperger, H.）が自閉症精神病質として報告した。自閉症は，きわめて重度のものから，軽度のものまで幅広く存在し，それら一連の症状を自閉症スペクトラムとよんでいる（Wing, 1996）。自閉症スペクトラムに分類されるのは，自閉症障害，アスペルガー障害，特定不能の広汎性発達障害である。

自閉症スペクトラムの基本的特徴は，①対人的相互作用の障害，②コミュニケーションの障害，③想像力の障害，である。対人的相互作用の障害では，視線を合わせない，合わせにくい，視線を避ける，人を避けるなどがある。また，人に合わせて行動したり，集団で行動したりするのが苦手である。コミュニケーションの障害では，言語性，非言語性コミュニケーションともに障害がある

が，言語性でより障害が強いといえる。言語性のなかでも，言葉を話して伝えることの障害がめだつ。想像力の障害では，想像力に乏しく，ごっこ遊びのようなものの見立てによる遊びが苦手である。また，興味や活動の範囲が制限されており，こだわりが強く，自分の思い通りにしたがる傾向にある。

このほかにも，手をヒラヒラさせる，腕や手をバタバタさせる，上下に飛び跳ねる，頭をクルクル回すなどの反復的な行動パターンを示す常同行動をもつことがよくみられる。また，時間感覚が違い，過去の記憶を思い出して，あたかもつい先ほど起こったかのように感じてしまうタイムスリップ現象が起きることもある。不快な経験を突然思い出して，パニックに陥るような場合もある。

自閉性障害とアスペルガー障害の基本的な違いは，アスペルガー障害では，臨床的に明らかな言語習得の遅れがなく，認知の発達や年齢に相応しい学習能力や適応行動の習得に関して，生後3年間で臨床的に著しい遅れがみられないことである。アスペルガー障害は高機能自閉症と包括して，高機能広汎性発達障害ともよばれることもある。

(3) レット障害と小児期崩壊性障害

広汎性発達障害のうち，自閉症スペクトラムに含まれないレット障害の基本的特徴は，6か月の正常な発達の期間に引き続き，知能や運動能力などの欠陥が多数現われることで，歩行が非常に拙劣で車椅子が必要になる。女児が発症し，10,000人から15,000人に1人の発症率とされている。

一方で，小児期崩壊性障害の基本的特徴は，少なくとも2年の見かけ上正常な発達の期間に引き続く，多くの領域の機能における退行である。見かけ上正常な発達とは，年齢に相応しい言語的および非言語的コミュニケーション，対人関係，遊び，適応行動に示される領域である。また，生後2年以降，表出性または受容性言語，対人的技能または適応行動，排便または排尿のコントロール，遊び，または運動技能といった領域のうち少なくとも2つにわたって，以前に獲得した技能の臨床的に明らかな喪失を示すとされている。

(4) 広汎性発達障害児への指導

広汎性発達障害の実際の指導には，まずWISC-ⅣやK-ABC（Kaufman

Assessment Battery for Children), PEP-3 (PsychoEducational Profile-Third Edition) といった個別式の知能検査，認知検査，養育者からの評定などで得意な部分と不得意な部分を明らかにして，指導計画を立てることが必要である。指導法としては状況の理解や社会性の獲得のために，行動療法やソーシャル・スキル・トレーニングが考えられる。

また，TEACCH (Treatment and Education of Autistic and related Communication handicapped CHildren) プログラムは個人の生涯を通した支援を提供するものであり，多くの取り入れられるべき内容がある。自閉症の児童生徒は抽象的なものごとの理解や聴覚的な情報の処理を苦手としている。そこで，物理的，時間的，活動的，視覚的に構造化された支援をしていくことが望ましい。どこで，どの順番で，どのように行うかをわかりやすく伝えるとよい。

> K-ABC (Kaufman Assessment Battery for Children)

3. 学習障害（LD）

(1) 学習障害とは

文部科学省（文部科学省，1999）によれば，学習障害（LD: Learning Disabilities）とは，「基本的には全般的な知的発達に遅れはないが，聞く，話す，読む，書く，計算する又は推論する能力のうち特定のものの習得と使用に著しい困難を示す様々な状態を指すものである」と定義されている。学習障害は，その原因として，中枢神経系になんらかの機能障害があると推定されるが，視覚障害，聴覚障害，知的障害，情緒障害などの障害や，環境的な要因が直接の原因となるものではないとされている。また，DSM-Ⅳ-TRによる医学的診断では，学習障害には，読字障害，算数障害，書字表出障害，特定不能の学習障害が含まれるとされている。

学習障害のタイプは口頭言語の障害，書字言語の障害，算数の障害の3つに分けることができる。口頭言語に障害があるタイプは，聞くあるいは話すことに困難をともなう。書字言語に障害があるタイプは，読むことや書くことに困難をともなう。算数に障害があるタイプは，計算や推論といった算数のさまざまな領域で困難をともなう。

(2) 学習障害を判定する方法

　学習障害であるか否かを判断する方法としては，LDI-R（Learning Disabilities Inventory-Revised）のような教育的アセスメントや，WISC-ⅣやK-ABCといった個別式の知能検査や認知検査などがある。LDI-Rは，学校で学習や行動面で気がかりな子どもがいた場合に，教師がチェックするのに用いられる。WISC-Ⅳでは，全体的な知能だけでなく，言語理解，知覚推理，ワーキングメモリ，処理速度の4つの群指標から知能の構造を明らかにできる。また，K-ABCは，認知処理過程尺度と習得度尺度とを測定し，知的能力と習得能力に分けて評価する。

　さらに認知処理過程尺度は継次処理と同時処理という2つのタイプに分けて分析できる。継次処理とは情報を1つずつ時間的な順序で連続的に処理していく方法で，同時処理とは一度に与えられた多くの情報を空間的，全体的に統合して処理する方法のことである。とくに学習障害は，その状態が知的障害や情緒障害と部分的に同様な状態を示す場合もあることから，的確な実態把握を行い，判断することがきわめて重要である。

継次処理
同時処理

(3) 学習障害児への指導法

　学習障害児に対する指導方法については，特定の能力の困難に起因する教科学習の遅れを補う教科の指導が中心となる。このため，学習障害とは別の理由によって教科学習に遅れがみられる児童生徒に対する指導内容や指導方法と重複する部分も少なくない。したがって，障害のない児童生徒に対する指導においても，学習障害児に対する指導内容や指導方法を広く活用することは可能である。ただし，同一の能力に困難を有していても，個々の学習障害児に生じている学習上のつまずきや困難などはさまざまであり，これらを改善するためには，個々の実態に応じた指導を行うことが必要である。その際に，個々の児童生徒の認知能力の特性に着目した指導内容や指導方法を工夫することが有効である。

　具体的な指導では，学習障害児が興味・関心をもって授業に参加できるような指導や，達成感をもてるような指導を行うとよいだろう。困難のある能力を

補うための教材を用いた指導，スモールステップによる指導，自信をつけさせたりやる気をもたせたりすることができる指導，同一の課題をくり返して実施する根気・集中力を養う指導といった方法がある。

また，読み書き計算と強い関係のある文字，記号，図形の認知などに配慮した指導や手指の巧緻性を高める指導が有用である。書くことや計算することが特別に困難な場合には，コンピュータあるいは電卓など，本人が取り組みやすい機器などの併用が効果的である。

(4) 学校における指導体制

2006年度より通級による指導対象としてLDが加えられている。平成21年5月現在では（文部科学省，2010），小学校と中学校を合わせて4,726名の通級による指導を受けている児童生徒がいる。

学習障害児の指導は担任のみに委ねるのではなく，学校全体で取り組むことが重要である。校内研修会等を通じて学習障害児の抱えている困難について教職員が共通理解を深めるとともに，学校全体の支援体制を構築する必要がある。学習障害児に対する指導は，学習障害に関する専門的な知識・技能をもつ専門家との連携協力を図りながら進めていくことが重要である。

4. 注意欠陥多動性障害（ADHD）

(1) 注意欠陥多動性障害とは

文部科学省（文部科学省，2003）によれば，注意欠陥多動性障害（ADHD: Attention-Deficit/Hyperactivity Disorder）とは，年齢あるいは発達に不つり合いな注意力，及び／又は衝動性，多動性を特徴とする行動の障害で，社会的な活動や学業の機能に支障をきたすものと定義されている。7歳以前に現れ，その状態が継続し，中枢神経系になんらかの要因による機能不全があると推定されている。

注意欠陥多動性障害には，不注意，多動，衝動性という3つの特徴がある。不注意とは，1つのことに注意を向けることができずに気が散りやすいことで

ある。話しかけられたときに聞いていなかったり，活動に注意を持続できなかったりする。多動とは，じっとしていられずに状況をわきまえずに走り回ってしまうことである。教室では，席に座っていられずに窓の外をながめにいってしまったり，そわそわして手足を動かしたりする。衝動性とは，順番や適切なタイミングを待てないことである。先生の説明が終わる前に，活動を始めてしまったり，順番を待てずにいたりする。これらの優性によって，「不注意優勢型」「多動・衝動性優勢型」「混合型」の3つのタイプに分類される。

　注意欠陥多動性障害のある児童生徒は，抑制機能の障害や実行機能の障害があると指摘されている（Barkley, 1997）。抑制機能とは，優勢な反応を抑制したり，継続中の反応を停止させたり，妨害を制御したりすることである。実行機能とは，過去の体験を想起して行動に活かしたり，心の中で自分に向けた会話をしたり，感情ややる気を調節したり，柔軟に行動したりすることである。抑制機能や実行機能の障害によって，目標に対する統合的な行動を順次行う過程において困難をともなっている。

(2) 注意欠陥多動性障害の診断

　注意欠陥多動性障害を診断するときには，表11-1に示すようなDSM-Ⅳ-TRのAからEの5つの診断基準が使われる（高橋ら，2004）。注意欠陥多動性障害は，広汎性発達障害，学習障害，反抗挑戦性障害（Oppositional Defiant Disorder），行為障害（Conduct Disorders）と重複している場合が少なくない。

● 表11-1　注意欠陥多動性障害の診断基準（高橋ら，2004）

A. 不注意症状として9項目，多動・衝動性症状として9項目があって，その基準のうち6つ以上を少なくとも6か月間持続したことがあり，その程度が不適切で，発達水準に相応しない。不注意症状のみ当てはまる場合は「不注意優勢型」，多動・衝動性症状のみ当てはまる場合は「多動・衝動性優勢群」，両方当てはまる場合は「混合型」になる。
B. 多動性－衝動性または不注意の症状のいくつかが7歳以前に存在し，障害を引き起こしている。
C. これらの症状による障害が2つ以上の状況において存在する。
D. 社会的，学業的，または職業的機能において，臨床的に著しい障害が存在するという明確な根拠が存在しなければならない。
E. その症状は広汎性発達障害，統合失調症，または他の精神病性障害の経過中にのみ起こるものではなく，他の精神疾患ではうまく説明されない。

反抗性挑戦性障害とは，目上の者に対して拒絶的，反抗的，不従順，挑戦的な行動をくり返す様式が少なくとも6か月間持続し，「かんしゃくを起こす」「大人と口論する」「大人の要求，または規則に従うことに積極的に反抗または拒否する」「故意に他人をいらだたせることをする」「自分の失敗や無作法を他人のせいにする」「神経過敏で他人によって容易にいらだつ」「腹を立てたり，憎む」「意地悪で執念深い」のうち，少なくとも4つをしばしば起こすことである。また，行為障害は，他者の基本的人権または主要な年齢相応の社会的基準や規則を無視する行動様式が反復または持続することである。

(3) 注意欠陥多動性障害の対処・指導

　注意欠陥多動性障害の医療的対処法としては，中枢神経へ働きかける薬物がある。メチルフェニデートという薬物であり，覚醒水準を高め，不注意，多動性・衝動性を軽減するのに有効であることが示されている。

　注意欠陥多動性障害の指導法には，行動療法がよく用いられる。すなわち，正の強化子（ほめなど）と負の強化子（楽しみの除去など）によって強化することである。トークン・エコノミー法では，望ましい行動を示した子どもに対し，正の強化子である代用貨幣のトークンを与えることでその行動の強化を図る。トークンが一定量に達すると，快感情をともなうような特定の活動を許される。ほめるということをたいせつにし，できるという感覚をもたせることがたいせつである。

〔注記〕DSM-5の病名や用語の翻訳が現在進められており，本章で使用した名称や分類が将来的に変更されることが見通される。したがって，最新の動向に注意して頂きたい。

Column 11　ソーシャル・スキル・トレーニング

　ソーシャル・スキルとは，対人場面において相手に適切かつ効果的な反応をするために用いられる言語的および非言語的な対人行動をさす。これには，対人行動を実行する認知的，感情的側面も含まれる。ソーシャル・スキルはみずからの対人行動に対して他者が与える強化によって，または，他者の対人行動のモデリングによって学習されたものである。ソーシャル・スキル・トレーニングは，対人行動の障害やつまずきを客観的に観察可能な学習性の行動の欠如ととらえ，不適切な行動を修正し，必要なソーシャル・スキルを積極的に学習させながら，対人行動の障害やつまずきを改善しようとする治療技法である。ソーシャル・スキル・トレーニングはオペラント条件づけ，社会的学習理論，認知的行動理論などの行動療法の理論を背景としている。自閉症やアスペルガー症候群は社会性の障害があるために，ソーシャル・スキル・トレーニングは効果的である。

　ソーシャル・スキル・トレーニングでは，教示，モデリング，リハーサル，フィードバック，般化といった流れをとるのが一般的である。教示では，学習させたいスキルを具体的に教える。モデリングでは，適切なモデルを見せたり，不適切なモデルを見せたりして，適切であることと不適切であることを見て学ばせる。リハーサルでは，モデリングした方略について，実際に行動してみる活動である。そして，その行動に対して，フィードバックを与え，ふり返りを行わせる。トレーニングの場だけなく，日常場面においてもソーシャル・スキルを使えるように，その後の経過観察や追指導を行う。

　発達障害の場合は，障害に応じたソーシャル・スキル・トレーニングが必要になる。たとえば，注意欠陥多動性障害では，衝動性の影響によって，不適切にしゃべってしまう行動を抑制するスキルの獲得が考えられる。ソーシャル・スキル・トレーニングには，ゲームを取り入れた活動のように，子どもたちが関心をもって楽しめるようなものもある（小貫ら，2004）。この方法とロールプレイングを用いた指導タイプとを併用することによって，高い効果を得られる。

12章
学級集団

1. 学級集団の機能
2. 学級集団の査定
3. リーダーシップ
4. 教師の適性

1. 学級集団の機能

(1) 学級集団とは

　一般に，学級集団とは，数十人の児童生徒と1人の担任教師から構成されている制度的集団である。児童生徒どうしは，年齢や居住地域において，どの学級集団でも比較的等質になる。一方で，担任教師は児童生徒とはまったく異なった存在であり，学級の運営者・リーダーとして位置づけられている。学級集団は1年間ないしは2年間の期間で構成されており，学年の始まりにおいて新たな集団を形成する機会が訪れる。学級集団では，構成員で何かを成し遂げるような目標をもつことはあまりない。「合唱コンクールや運動会で優勝する」などのように学級の目標が掲げられている場合もあるが，むしろ，多くは「やさしい子になる，がんばる子になる，思いやりのある子になる」などのように，集団成員間の相互作用によってもたらされる，社会性の発達や人格形成，学業の向上など，個人の成長目標であることが多い。

(2) 学級集団の機能

　学級集団には5つの機能がある（岸田，1980）。第1に，おもに授業を通した知識を獲得するための学習集団としての機能である。第2に，特別活動などを行うための自治的集団の機能である。第3に，活動の役割分担や，給食を食べるといった生活集団としての機能である。第4に，規律ある生活を送るために，教師によって子どもの生活態度の変容をうながすための生活指導やガイダンスを行う集団の機能である。第5に，出欠の確認や費用の徴収などを行う集団の機能である。

(3) 学級集団の中の人間関係

フォーマル・グループ
インフォーマル・グループ
公式集団

　学級集団の中の人間関係は，フォーマル・グループとインフォーマル・グループという性質をもつ。フォーマル・グループとは公式集団ともよばれ，客観的な組織集団を意味する。階層構造をもち，地位と役割に基づく関係によって

構成される。つまり、学級内においては、教師としての役割、被教育者としての役割が基本となる。その他にも、学級委員長、書記係、日直、いきもの係といった役割を担う場合もある。他方、インフォーマル・グループは好意関係あるいは親密性に基づいて構成される関係であり、非公式集団ともよばれる。つまり、友だち関係や趣味が合う仲間によって形成される関係である。学童期の子どもにとって、インフォーマル・グループは準拠集団になる。準拠集団とは、個人の行動や態度を決定するのに、基準となる枠組みの集団のことである。

非公式集団

準拠集団

　学級集団の中のフォーマル・グループとインフォーマル・グループにはそれぞれ居場所との関連がある。藤竹（2000）は居場所を社会的居場所と人間的居場所に分類している。社会的居場所とは、自分が他人によって必要とされている場所のことで、そこでは自分の資質や能力を発揮することができる場所である。一方で、人間的居場所とは、自分であることをとり戻すことのできる場所のことで、そこにいると安らぎを覚えたり、ほっとしたりできる場所である。フォーマル・グループとしての学級集団のなかでは、学級の機能を支えるための役割があって、その達成は社会的居場所の獲得に結びついている。たとえば、得意な係活動の仕事を通して学級内に活躍の場を得るようなことである。インフォーマル・グループとしての学級集団のなかでは、親密な友だち関係を築くことが人間的居場所の獲得に結びついている。つまり、友だちからの承認によって、安心できる場がつくられるのである。

(4) 学級集団の発達的変化

　学級集団の中のインフォーマル・グループは常に一定ではなく、子どもの発達に応じて変化していく。園原・広田（1953）は学級集団の発達的変化を5つの段階に分けている。第1の段階は、孤立期（探索期）である。この時期は、集団の一成員としての性格はもっているものの、相互交渉が行われる前段階であって、対人関係を形成するために、互いに探索しあっている。すなわち、各成員は孤立状態にあるということもできる。第2の段階は、水平的分化期である。この時期は、席が隣であるとか、背の高い順に並んだ時に前後になるといった具合に学級内の条件によって関係が築きあげられていく。第3の段階は、垂直的分化期である。この時期では、力が強いあるいは学業優秀であるといっ

孤立期

水平的分化期

垂直的分化期

たような要因によって級友との関係に支配的−服従的関係が生じてくる。第4の段階は，部分集団形成期である。この時期では，学級集団内に下位グループが構成され，それぞれのグループでリーダーが出現する。これらの集団は，徒党集団（ギャング・グループ）とよばれることもある。第5の段階は，集団統合期である。この時期では，学級集団内の下位グループが階層構造をなしてきて，下位グループのリーダーに加え，全体的リーダーが出現する。

> 部分集団形成期
> 徒党集団（ギャング・グループ）
> 集団統合期

2. 学級集団の査定

(1) ソシオメトリック・テスト

> モレノ
> ソシオメトリー
> ソシオメトリック・テスト

インフォーマル関係を測定する方法として，1934年にモレノ（Moreno, J. L.）はソシオメトリーを開発した。ソシオメトリーとは，集団の心理的な特徴を数学的に測定することである。ソシオメトリーのための技法としては，ソシオメトリック・テストがある。ソシオメトリック・テストとは，対人的な「好き（好意選択）−嫌い（排斥選択）」を明らかにするために，「修学旅行で，いっしょの班になりたい人はだれですか」や「グループで勉強するとしたら，だれといっしょにしたくないですか」などの質問をして，欲求次元においてその関係を明らかにしようとする方法である。つまり，好きな友だちや嫌いな人を直接的に尋ねるのではなく，いっしょに活動したい相手をあげてもらうことによって間接的に好意や排斥を測定しようとする手法である。排斥選択を回答させることは，子どもへの影響を考えた場合，実施すべきではないと考えられる。

(2) ソシオメトリック・テストの集計

> ソシオ・マトリックス
> ソシオ・グラム

ソシオメトリック・テストの結果は，ソシオ・マトリックスやソシオ・グラムを作成して集計する。ソシオ・マトリックスは，児童生徒の名前を左の列（被選択者）と上の行（選択者）に記入し，各セルに選択や排斥の結果を記した表である。一方で，集団の構造を直感的に理解するには，ソシオ・グラムを描く。ソシオ・グラムは，ソシオメトリック・テストの結果を図示する手法である。たとえば，男子を□，女子を○で表し，そのなかに出席番号を記入して，矢印

によって好意選択や排斥選択を表す。また，ソシオメトリック・テストの結果をふまえて，学級集団内を大局的に理解する手法としてソシオメトリック・コンデンセーション法がある。これは，相互選択をしている子どもを1つのまとまりと解釈して，全体構造を集約しようとする方法である。

　ソシオメトリック・テストの結果を指数によって表すことも可能である。集団内の成員からの選択数によって表されるソシオメトリック地位で表す。被好意選択数と被排斥選択数を基に算出する指標であり，いくつかの算出方法が考案されている。多くの成員から好意選択を受けている子どもは人気児とよばれる。一方で，多くの成員から排斥選択を受けている子どもは排斥児とよばれる。その他には，ほかの子どもから選択を受けていても，自分からはその人を選択していないために，相互選択が成り立っていない子どもを周辺児とよぶ。さらに，まったく選択を受けていない子どもを孤立児とよぶ。

ソシオメトリック地位

人気児

排斥児

周辺児

孤立児

(3) 学級集団の構造

　学級集団のインフォーマル構造の類型は，おおよそ次の5つに分類される（田中，1957）。1つめは，統一結合型である。1人から3人程度のリーダーによって統一される集団であり，中学校あるいは高等学校でみられる。2つめは，分団結合型である。仲間集団が複数形成されていて，それらが互いに結合している場合で，中心人物は各仲間集団に存在する。3つめは，分団分離型である。男女や仲間集団が閉鎖的な場合で，相互に対立するという例も少なくない。これは小学校高学年にみられる。4つめは，一部集中型である。選択が一部に集中し，相互選択が少ない構造であり，孤立児が多くなる場合が多い。5つめは多数分離型である。相互選択が少なく，孤立児が多い構造であり，学級編成直後の構造はこの型になりやすい。

　集団のまとまりを表す概念に集団凝集性がある。集団凝集性とは，集団にとどまるように，成員に働きかけている総合力のことである。いい換えるならば，各成員にとっての集団所属の魅力を意味している。集団凝集性については，ソシオメトリック・テストの結果から算出することも可能で，学級集団内における相互選択が多いと集団凝集性が高いと判断される。集団凝集性が高い学級では，互いの一致に到達しようとする努力がなされ，その場の状況に影響され

集団凝集性

やすくなる，討論で相手の立場に自己を変化させていくことが多いなどの特徴がみられる。

(4) ゲス・フー・テスト

ソシオメトリック・テストから発展したもので，集団内成員の性格特徴を相互に評価させる方法にゲス・フー・テストがある。ゲス・フー・テストはハーツホーン（Hartshorne, H.）らによって考案された。「友だちにやさしい人はだれですか？」「おしゃべりが好きな人はだれですか？」といった質問に回答させて，集団内で得られた回答数を基に解釈する方法である。この手法によって学級内の成員の特徴を把握することが可能である。ソシオメトリック・テストやゲス・フー・テストは，教師が学級や子どもの状態を把握し，学級運営に活用する場合にのみ実施することが望ましい。

3. リーダーシップ

(1) リーダーシップとは

リーダーシップとは集団の目標達成，および集団の維持・強化のために，成員によってとられる影響力行使の過程のことである。学級集団を公式集団としてとらえた場合，リーダーシップは教師に期待される役割行動である。また，非公式集団としてとらえた場合は，一般に児童生徒のなかで最もリーダーシップが強い者がリーダーとして認められる。これまで，リーダーシップ研究はさまざまな理論が提唱されてきた。リーダーシップのスタイル研究では，おもにリーダーの行動を分類し，それらが集団に及ぼす影響について検討されてきた。

(2) 専制型，民主型，放任型のリーダーシップ

レヴィン（Lewin, K）の研究グループによる実験では，少年からなる小集団に大人のリーダーをつけ，集団の活動や関係について明らかにした（Lewin, et. al., 1939）。大人には，民主的，専制的，放任型リーダーシップのいずれかのリーダーシップをとらせた。民主的リーダーは，少年たちを集団活動の意志

決定に参加させ，専制的リーダーの集団では，すべての意志決定がリーダーによってなされた。また，放任的リーダーの集団では，実際のリーダーシップ活動は最小限に留められ，リーダーは実質的には監督することなく，少年たちの好きなように働かせたり，遊ばせたりした。その結果，民主的リーダーの集団では，自発的な活動を行い，生産性も高く，友好的な関係の相互作用がみられた。専制的リーダーの集団では，攻撃行動や敵意が高くなり，それはとくにリーダーがその場にいないときに顕著であった。放任的リーダーの集団では，組織化されていない遊びをしたり，活動をだらだらしたりしていた。

　日本においては宮脇（1970）が，民主的リーダーシップ，独裁的リーダーシップ，放任的リーダーシップの教師と児童との関係について検討した。民主的な教師に対しては児童の教師に対する態度がよく，独裁的あるいは放任的な教師に対しては悪いことが示された。また，民主的な教師の学級はのんびりと静かで協力的な雰囲気が形成されているのに対して，独裁的あるいは放任的な教師の学級は活動的でにぎやかな一方，競争的な雰囲気が形成されていることも示された。

(3) PM理論

　三隅（1964）は，リーダーシップを2つの機能によって分類するPM理論を提唱した。2つの機能とは，集団目標を形成し達成することを含む課題遂行機能（P機能）と，集団の社会的安定を保つことを含む集団維持機能（M機能）である。PM理論では，課題遂行機能と集団維持機能のそれぞれの高低からリーダーシップスタイルをPM型，P型（Pm型），M型（pM型），pm型に分類し，高い機能を有する場合は大文字で表す。教師のリーダーシップに関しては，「生活・学習における訓練・しつけに関すること」「社会性・道徳性の訓練・しつけに関すること」がP機能，「教師の児童に対する配慮に関すること」「教師の児童への親近性に関すること」「学習場面における緊張緩和に関すること」がM機能に相当する（三隅ら，1977）。

　PM理論を基に，教師のリーダーシップと学級連帯感，学習意欲との関連を調査した結果，PM型，M型，P型，pm型のリーダーシップの順に「学級連帯感」や「学習意欲」が高いことが明らかにされている（三隅ら，1977）。また，三隅・

傍注： 三隅二不二　PM理論　課題遂行機能（P機能）　集団維持機能（M機能）

矢守（1989）でも，中学生を対象に，「授業満足度・学習意欲」「学級への帰属度」「学級連帯性」「生活・授業態度」のいずれにおいてもPM型が最も高く，pm型が最も低いという結果が得られている。「授業満足度・学習意欲」と「学級連帯性」に関してはM型がPM型に次いで2番目に高く，一方で「学級への帰属度」と「生活・授業態度」に関してはP型が2番目に高いことが示されている。

(4) リーダーシップの源

教師のリーダーシップの源泉は勢力資源である。たとえば，PM型のリーダーシップの勢力資源を明らかにした研究では，正当性，熟練性，親近性の勢力資源が明らかにされている（田﨑，1981）。正当性勢力とは，教師としての役割による力のことである。熟練性勢力とは，豊富な経験で得た力のことである。親近性勢力とは，インフォーマルな関係によって形成された親密性を基にした力のことある。

また，担任教師のリーダーシップに影響する要因として，校長のリーダーシップがある。校長のリーダーシップの発揮によって，教師の安定－裁量志向の組織文化を形成し，教師の多忙感が解消され，リーダーシップを発揮できることが明らかにされている（露口，2004）。学級担任のリーダーシップは，学級の内に向けられたものであっても，学級を取り巻く外からの要因の影響もある。

4. 教師の適性

(1) 教師への向き，不向き

教師の適性といった場合，どういう人が教師に向いているかを意味する。いわば，教師としての職業人らしさである。教師の適性については，自身が教師に向いているかという自己評価も重要であるが，児童生徒や保護者といった他者からの評価も重要になる。

⑵　教師らしさ

教師らしさのステレオタイプとしては，教師は心があたたかく，信頼がおけ，誠実，熱心，真面目で，思慮深く，きちょうめんで，責任感が強く，飾りけがなく地味で，温厚で，知的な存在とみられている。ネガティブな内容でいえば，神経質であり，気が小さく，保守的で，融通がきかず，やぼったく，世間知らずで視野が狭く，理屈っぽく，まわりを気にして個性が弱く，ユーモアに欠けるとみられる傾向にあった。教師自身は教師らしさについて，約半数の教師が自分を教師らしいと考えているが，若い教師は，自分を教師らしくないと考えることが多いことも示されている（小川，1979）。

須藤（1971）は，教師に特有の性格を明らかにするために，幼・小・中の教員を対象にY-G性格検査を行い，一般産業人との比較を行ったところ，教師の性格類型の特徴は，一般産業人と差がなかった。つまり，教師特有の性格はみられなかったのである。

⑶　求められる教師像

前原ら（1996）では，教職志望の学生を対象に，教師の適性として重要性を評価させた。教職志望の学生は，教師として対人関係，勤勉さ，知的能力が高いことが教師として必要であると考えていることが示された。

本田ら（1968）は，子どもからの教師認知について調査を行った。小学４年生，６年生，中学２年生の児童生徒を対象に，好きな先生と嫌いな先生の特徴を明らかにしている。小学生の場合は，やさしくてユーモアがあり，親しみやすい先生が好かれている。中学生の場合は，小学生の理由に加えて，指導熱心であるといった指導者としての面も好かれる理由に入っている。他方，嫌われる先生は，えこひいきをしたり，短気で怒りっぽかったりする先生であった。

岸田（1983）では，教師への期待の発達的変化を明らかにしている。小学校低学年から中学年にかけては，やさしい生活指導者・学習指導者である母親的教師を期待し，小学校中学年から高学年にかけては公平で熱心な学習指導者である父親的教師を期待し，中学生から高校生にかけては厳正で，熱心な学習指導者・人生の教師である専門家的・人生の先達的教師を期待するという。

● 表12-1　優れた教師に必要な要素（文部科学省，2006）

①教職に対する強い情熱
　教師の仕事に対する使命感や誇り，子どもに対する愛情や責任感など
②教育の専門家としての確かな力量
　子ども理解力，児童・生徒指導力，集団指導の力，学級づくりの力，学習指導・授業づくりの力，教材解釈の力など
③総合的な人間力
　豊かな人間性や社会性，常識と教養，礼儀作法をはじめ対人関係能力，コミュニケーション能力などの人格的資質，教職員全体と同僚として協力していくこと

　2006年7月の中央教育審議会答申（文部科学省，2006）では，教員に求められる資質能力が述べられている（表12-1）。そこでは，2005年10月の中央教育審議会の答申「新しい時代の義務教育を創造する」において優れた教師の条件として述べられたものなどが重要視されている。

(4) 教師の認知のゆがみ

　教師の適性いかんにかかわらず，教師としての認知のゆがみには注意が必要である。教師がある児童生徒に対して期待をもった場合，その期待の通りに結果が得られることが多い。ローゼンソールとヤコブソン（Rosenthal & Jacobson, 1968）はこのことをピグマリオン効果とよんだ。ピグマリオンというのは，ギリシャ神話から取ったものである。教師の期待は子どもへのはたらきかけを変える。子どもに対して期待をもたない教師は，当人の意識しないところで，不十分な指導・教育を行っているかもしれない。

　また，他者がある側面で望ましいもしくは望ましくない特徴をもっていると，その評価を当該人物に対する全体的評価にまで広げてしまう傾向をハロー効果（光背効果あるいは後光効果）という。たとえば，成績が悪い生徒は，生活面での態度も悪いのではないかと教師が考えてしまうことなどがあげられる。

（欄外）
ローゼンソール
ヤコブソン
ピグマリオン効果

ハロー効果
光背効果
後光効果

Column 12　学級集団への適応を測定する指標

　子どもの学級集団への適応を測るテストは，さまざまなものが考案されている。そのなかでも近年学校現場において，hyper-QU（hyper-Questionnaire-Utilities）がよく利用されている。hyper-QUとは，『楽しい学校生活を送るためのアンケートQ-U』（図書文化社）という心理テストである（河村，2006）。小学校1～3年用，小学校4～6年用，中学校用，高校用の4種類があり，子どもたちの学級生活での満足度と意欲，学級集団の状態を測定するものである。

　hyper-QUは「いごこちのよいクラスにするためのアンケート（学級集団満足度尺度）」「やる気のあるクラスをつくるためのアンケート（学校生活意欲尺度）」「日常の行動をふり返るアンケート（ソーシャルスキル尺度）」の3つから構成されている。これらの心理テストから，教師が子どもたち一人ひとりについての理解と対応方法，学級集団の状態と今後の学級経営の方針をつかむことができる。また，子どもたちが学級という集団で，友だちと積極的・建設的にかかわり合うためには，対人関係のマナーやルールを身につけていることが必要であって，このような対人関係のマナーやルールの定着具合をみられる。

　実施時間はおよそ20分間であり，コンピュータ診断を用いた集計を行う。hyper-Q-Uには次のような特徴がある。①学級集団の状態に対する診断が得られる：蓄積された大規模データを背景に，自分の学級の結果がどのような様相になっているか，ルールやリレーションの状況がどうなっているかについての診断とコメントを得ることができる。②子どものソーシャルスキルの状態が確認できる：スキルには，「配慮のスキル」と「かかわりのスキル」があり，これらの得点の高低やバランスについて知ることができる。③個人票を使って，子どもや保護者にフィードバックができる：学級全体の結果に加えて，子ども一人ひとりに対する結果も出力される。オプションで学力検査などの情報を加えることもでき，保護者との面談の資料としても活用しやすい。また，個人票の裏面は行動をふり返るワークシートになっており，教材としても使用できる。

13章
教育評価

1. 教育評価の機能と目的
2. 教育評価の主体と対象
3. 教育評価の分類と方法

1. 教育評価の機能と目的

(1) 教育評価の機能

教育評価　教育評価とは,「教育においてなされるさまざまな判断や決定のために,(児童・)生徒や教師や諸々の教育環境に関する情報を収集して利用する活動」(南風原,2003：カッコ内は筆者が加筆)である。一般に,評価をするためには,その評価の根拠となる情報を収集する必要がある。このような情報収集を**測定**(14章参照)という。評価対象を測定する際には,同じものさし(**尺度**)を使用して,客観的な情報を収集しなければならない。このようにして収集した情報を,評価者が主観的に意味づけ,解釈するのが評価である。客観的情報を収集するための測定と,収集した情報を評価者の価値判断にしたがって解釈する評価とは,切り離して考えることができないものである。

このようにして収集した情報を解釈し,その結果を被評価者にフィードバックすることも,評価の重要な機能である。つまり,教育評価とは,教育と関連するすべての情報を収集し,整理・分析し,解釈し,フィードバックするという一連のプロセスであり,教育に携わるすべての人にとって,有意義な情報をもたらすものである。

(2) 教育評価の目的

評価を受けることによって,子どもは,自己の学習をふり返り,自己の学習のあり方を改善するための情報を入手できる。また,定期試験などのスケジュールが設定されることにより,そのスケジュールに合わせて勉強しようという学習意欲が喚起されるとともに,規則的な学習習慣の獲得も期待できる。このような評価をくり返し受けることにより,子どもは,自己の長所や短所を把握することができるようになる。さらに,これらの評価は,保護者が子どもの特徴を知るための有効な情報となる。

一方,教師は,一人ひとりの子どもを評価することによって,自分が教えている子どもたちの特徴を知ることができる。また,自分の日々の教育活動の有

効性や問題点を知り，それらを改善するための有力な情報を入手できる。また，各学校がそれぞれの教育目標のもと，どのような教育を行い，どのような成果をあげているのかについての情報は，教育を管理・運営していくために必要不可欠な情報である。とくに，教育に対するアカウンタビリティが求められている今日では，これらの情報に基づいて，みずからの教育活動とその成果を積極的に公開していくことが，教育を提供する側には求められている。

2. 教育評価の主体と対象

(1) 教育評価の主体

教育評価の主体，つまり，だれが評価するのかについては，他者評価と自己評価に大別される。なお，とくに学校評価などでは，当該校での教育活動に直接かかわっていない第三者による評価（第三者評価）も実施されている。 第三者評価

①他者評価 他者評価

教師による子どもの学力評価など，一般的な評価形態である。他者評価は，評価者が評価対象全体を見渡して評価できるため，比較的，客観的かつ全体的にバランスの取れた評価が可能である。しかし，被評価者一人ひとりの状況を考慮した評価ではないために，被評価者にとっては，自分の活動を改善するための情報が入手しにくい場合もある。

②自己評価 自己評価

自分の活動を自分自身で評価する評価形態である。個人は，自分自身の目的に応じた情報を収集し，自己の活動を調整することが可能となる。ただし，自分の学習活動を自分自身で評価し，問題点を改善するような自己評価活動には，自己概念やメタ認知能力が必要となるので，小学校高学年以上にならないと，適切な自己評価はむずかしい。また，人間は，自己を客観的にとらえることができないので，自己評価の結果は，自分に甘くなりすぎたり，逆に厳しくなりすぎてしまう危険もある。

③相互評価 相互評価

被評価者どうしが相互に評価する評価形態である。自己評価が主観的になり

やすいのに対して，相互評価では，被評価者が互いに評価し合うことにより，自己の長所や短所のみならず，他者の長所や短所をも把握することができるので，客観的な評価がなされやすい。ただし，評価の目的や観点を明確にしておかないと，厳しすぎる評価をすることにより，他者に不快感を与えたり，逆に無難な評価をすることにより，他者の活動を改善するための有益な情報を提供することができなかったりする危険もある。

(2) 教育評価の対象

教育評価というと，児童生徒に対する成績評価を連想しやすい。当然のことながら，学習者は，教育評価の最も重要な対象である。しかし，そのような評価だけではなく，学校評価，教員評価，授業評価など，行政や学校，教師など，教育に携わるすべてが，教育評価の対象となる。

①子どもを対象とした評価

指導要録　指導要録とは，「児童生徒の学籍や指導の過程及びその結果の要約を記録する公簿である」（文部省，1991）。たとえば，文部科学省による「学習指導要領の一部改正に伴う小学校，中学校及び特別支援学校小学部・中学部における児童生徒の学習評価及び指導要録の改善等について（通知）」（文部科学省，2016a）の「（参考１）各設置者における指導要録の様式の設定に当たっての検討に資するための指導要録の「参考様式」」では，小学校の場合，以下の各事項が示されている。

・各教科の学習の記録（観点別学習状況，評定；ただし評定は小学校第３学年以上で実施）
・特別の教科　道徳（学習状況及び道徳性に係る成長の様子：文章記述）
・外国語活動の記録（コミュニケーションへの関心・意欲・態度，外国語への慣れ親しみ，言語や文化に関する気付き：文章記述）
・総合的な学習の時間の記録
・特別活動の記録（学級活動，児童会活動，クラブ活動，学校行事：主旨に照らして十分に満足できる状況にある場合には○をつける）
・行動の記録（基本的な生活習慣，健康・体力の向上，自主・自立，責任感，創意工夫，思いやり・協力，生命尊重・自然愛護，勤労・奉仕，公正・公

平，公共心・公徳心：主旨に照らして十分に満足できる状況にある場合には○をつける）
・総合所見及び指導上参考となる諸事項
・出欠の記録（授業日数，出席停止・忌引等の日数，出席しなければならない日数，欠席日数，出席日数）

なお，中学校，高等学校の指導要録も，基本的には小学校の指導要録と類似した形式であるが，「行動の記録」や「観点別学習状況評価」は小中学校のみで示されている一方で，「取得単位数」は高等学校においてのみ示されるなど，若干の違いも存在する。

このように，指導要録に記録するだけでも，一人ひとりの子どもについて，多面的，かつ，細やかな評価をすることが求められている。さらに，知能や体力・運動能力などについての評価，適性評価など，子どものもつさまざまな特徴のすべてが評価の対象となる。

②教員を対象とした評価

教員評価では，学習指導や生徒指導，校務分掌など，教師の日々の教育活動が評価される。たとえば，山口県の場合（山口県教職員課，2012）には，「意欲」（積極性，責任感，規律性，変革性，協調性），「能力」（識見，知識・技術，情報収集・活用力，構想・実践力，企画・実践力，企画・立案力，決断力，判断力，折衝・調整力，管理・運営能力，コミュニケーション能力），「実績」（目標達成性，業務実績，的確性，迅速性）という着眼点から，教員評価が実施されている。

③学校や行政を対象とした評価

梶田（1983）は学校評価の主要観点として，「教育成果」（学力保障，成長保障），「教職員」（教育姿勢，研究・研修），「教育活動のあり方」（指導内容，教育方法，学校生活のスケジュール），「教育の場」（社会文化的風土，物的条件，地域特性）の4点をあげている。これらの観点からの評価は，個々の学校単位だけでなく，国や地方公共団体のレベルでも行われる。なお，学校評価に関しては，「法令上，①教職員による自己評価を行い，その結果を公表すること，②保護者などの学校の関係者による評価（「学校関係者評価」）を行うとともにその結果を公表するよう努めること，③自己評価の結果・学校関係者評価の結

果を設置者に報告すること，が必要」（文部科学省，2010）とされている。

3. 教育評価の分類と方法

(1) 教育評価の分類

①時期による分類

<small>ブルーム</small>　　ブルームら（Bloom et al., 1971）は，学習活動のどの時点でどのような情報を入手すべきかといった観点から，評価を診断的評価，形成的評価，総括的評価の3段階に分けている。

<small>診断的評価
レディネス</small>　　診断的評価とは，学習活動を始める前に，個人のレディネス（学習の準備状態）などをあらかじめ知っておくために行う評価である。この評価結果に基づいて，使用する教材や発問を工夫したり，基礎学力の不足している者に補充教育をすることによって，より効果的な学習活動を行うための準備をする。

<small>形成的評価</small>　　形成的評価とは，学習活動の途中段階で，当該時点までの学習内容がどの程度身についているのかを知るために行う評価である。この評価結果に基づいて，授業が計画通りに進行しているかどうかを確認し，必要に応じて，授業計画を修正したり，理解が十分でない部分について，授業しなおしたりする。

<small>総括的評価</small>　　総括的評価とは，学習活動が終了した時点で，教育の成果を確認するために行う評価である。この評価結果に基づいて，学習目標をどの程度習得できたのかということが，評定（成績）という形で学習者にフィードバックされる。

<small>評定
完全習得学習（マスタリーラーニング）</small>　　なお，ブルームらが提唱した完全習得学習（マスタリーラーニング）では，形成的評価が重視される。完全習得学習では，各単元で達成すべき目標と，達成すべき最低到達基準を明確にし，形成的評価を実施することにより，児童生徒が最低到達基準に到達しているかどうかを確認しながら，学習が進められる。到達基準に達していないと評価された子どもには，再学習や補充学習などの回復の手立てがとられることにより，ほとんどの児童生徒が学習目標に到達することを，完全習得学習はめざしている。

②評価基準による分類

何を基準に評価するのかによって，教育評価は，相対評価，到達度評価，認

定評価，個人内評価などに分類することが可能である。

相対評価とは，同一学年や学級など，ある特定の集団を基準として，その集団内での個人の位置（順位）を示す評価法である。かつての中学校では，相対評価が採用されており，定期試験の得点などに基づいて，同一学年の生徒に順位をつけ，最上位7％を「5」，次の24％を「4」，次の38％を「3」，次の24％を「2」，最後の7％を「1」と評価していた。また，偏差値（Column 14参照）も，相対評価の結果を示す一指標である。 相対評価
偏差値

相対評価では，試験など，なんらかの尺度を用いて，対象者全員に得点をつけることができれば，そこから先は機械的に処理されるので，評価者の主観が入る余地が少ない。また，評価結果を見れば，対象集団内での個人の順位が把握しやすいことも長所である。

一方，相対評価の短所としては，個人の努力が必ずしも評価結果に反映されない可能性のあることがあげられる。たとえば，前述の5段階による相対評価の場合，100人の学年で65位だった個人が35位まで順位をあげた場合でも，評定は「3」のままである。また，相対評価では，個人が教育目標にどの程度近づいたのかということを把握しにくい。さらに，相対評価で高評価を得るということは，他者よりも上位にいることを意味しているので，高評価を得るために（低評価を得ないために），他者との競争が激しくなる可能性もある。

到達度評価とは，教育目標や達成目標を基準として，個人がどの程度，目標に到達したのかを示す評価法である。到達度評価では，何を評価するかという具体的目標（評価規準）を設定し，その目標をどの程度達成できたのかということを，具体的指標（判定基準）にしたがって評価する。 到達度評価
評価規準
判定基準

到達度評価の長所は，各個人の到達状況を容易に把握できることにある。評価結果に基づいて，以後の指導計画を立案することが可能となるし，目標に到達していない被評価者に対して，適切な対応をとることができる。また，被評価者も，自分の到達度を理解しやすい。さらに，何をどのように評価されるのかということがあらかじめ公表されている場合には，被評価者は，それらの具体的目標をめざして，自己の活動に取り組み，調整することが可能になる。

一方，到達度評価では，いかに適切な評価規準や判定基準を設定できるかが重要となる。評価規準や判定基準が不明確な場合，被評価者は，自分が何をど

のように評価されているのかわからないので，改善のための情報を入手することができなくなる。また，このような場合には，評価者の主観が評価結果に反映されやすくなるので，全体的に評価が甘くなる寛大化傾向や，評価が厳しくなる厳格化傾向が認められ，評価の分布にかたよりができてしまったり，被評価者によって評価結果が異なる危険がある。さらに，評価規準や判定基準が不明確な場合には，評価の根拠を他者に説明することができなくなる。

寛大化傾向
厳格化傾向

　ところで，前述の指導要録の学習の記録では，観点別学習状況評価が求められている。観点別学習状況評価とは，「各教科・科目の目標や内容に照らして，(児童・)生徒の実現状況がどのようなものであるかを，観点ごとに評価し，(児童・)生徒の学習状況を分析的に捉えるもの」(文部科学省，2016b：カッコ内は筆者が加筆)であり，平成29年3月に公示された新しい学習指導要領では，育成すべき学力の3要素と対応した「知識及び技能」「思考力・判断力・表現力等」「主体的に学習に取り組む態度」の3つの観点について評価規準を設定することになる。これらの評価規準について，「十分満足できる（A）」「おおむね満足できる（B）」「努力を要する（C）」の3段階の判定基準を用いて到達度評価を実施することが求められる。

観点別学習状況評価

　認定評価とは，評価者がもつ内的基準にしたがって，個人がどの程度，その基準を満たしているのかを示す評価法である。たとえば，ピアノの個人レッスンや華道，茶道などでは，認定評価が用いられる。認定評価の場合，評価基準がすべて評価者のなかにあるので，評価者が適切な評価を下すことができれば，そこから得られる情報は，被評価者にとって有益なものとなる。一方，評価者からよい評価を引き出そうとして，被評価者が評価者の権威に服従したり，評価結果への不信から，評価者に対して反抗的になったりなど，評価者と被評価者の人間関係に問題を生じさせる危険もある。

認定評価

　個人内評価とは，学習活動前の個人の状態を基準として，それよりも進歩が認められたかどうかを示す評価法である。一人ひとりの状況やニーズに応じて，個人がどの程度進歩したのかが評価されるので，被評価者は，自分のペースに合わせて，着実に進歩していくための情報を入手することが可能となる。一方，個人内評価は，個人のなかでの変化を評価しているだけなので，被評価者が他者と比べてどのような長所や短所をもっているのかということや，どの程度，

個人内評価

教育目標を達成しているのかということは明らかにできない。なお,「特別の教科　道徳」は,個人内評価で評価することになっている。

(2) 教育評価の方法

梶田（1983）を参考にして,表13-1に教育評価に利用する情報を収集するための代表的方法とその長所と短所を示した。

なお,最近では,「総合的学習の時間」の評価法として,ポートフォリオ評価法が用いられたりする。ポートフォリオとは,「一人一人の子どもの学習の成果に関する情報・資料が,長期にわたり,目的的・計画的に蓄積された集積物」（高浦,2000）である。子どもたちの学習の成果についての情報（子どもたちを観察することによって得られた資料・情報,子どもたちの作業実績,テスト情報）を,教師と子どもがいっしょにファイルに保存していくことによって,「ポートフォリオをみれば,それぞれの子どもの学習の歩みや現在到達している"強み"なり"弱み"が分かり,さらには次に取り組むべき課題が時系列的に明らかになる」（高浦,2000）ことをめざした評価法である。

なお,ポートフォリオ評価も,評価法の1つである以上,子どもの学習成果すべてを保存するのではなく,子どもの発達や現在の長所・短所が明らかになるような情報を取捨選択する必要がある。この取捨選択こそがポートフォリオ評価における評価であり,評価規準にしたがって,教師はファイルすべき情報を取捨選択する必要がある。また,それらの資料をファイルする理由を子どもに説明することにより,子ども自身も,どのような観点から自己の成長を把握すればいいのかということが理解できるようになる。

※ 傍注: ポートフォリオ評価法

● 表13-1 さまざまな評価法（梶田，1983を参考にして作成）

評価方法	具体的方法	長所と短所
標準テスト	テスト対象となる母集団の平均値や得点分布状況などが明らかになっており，測定の信頼性と妥当性が確認されているテストを用いる方法。	長所：母集団内での受検者の位置が明確に示されるので，個人の長所と短所を把握することができる。 短所：知能検査や一部の性格検査など，利用可能なテストが少ない。
教師作成テスト	自分の教育活動に合わせて，教師自身が作成するテストを用いる方法。 ①客観テスト 　採点者の主観が入らない形式のテスト。正誤形式，完成（穴埋め）形式，多肢選択形式など。 ②自由記述テスト 　解答者が解答を自由に考えて記述する形式のテスト。単文，長文，図などによる解答形式。	長所：教師自身が本当に必要な情報を入手することができる。 短所：教師のテスト作成能力やくせによって，入手可能な情報に偏りができる危険がある。
質問紙法	回答者の実態や考え，興味や関心，態度などについて，質問項目に回答してもらう方法（いわゆるアンケート）。	長所：回答者の意見や考えなど，回答者にしかわからない内的状態を，回答者自身から比較的簡単に引き出すことができる。 短所：回答者が意図的・無意図的に回答を歪めてしまう危険がある。
発問・応答法	発問者と応答者とが向かい合い，言葉や身振りのやりとりによって行う方法。	長所：言葉から得られる情報だけでなく，表情や身振りなど，応答者が発する非言語的情報も利用可能なので，幼児や児童，文章を書くことができない人などにも利用できる。 短所：発問が不明確であったり，応答者の応答に発問者が適切に対処できないと，情報が歪んでしまう危険がある。
観察法	ある特定の場面における被評価者の活動を評価者が観察する方法。	長所：被評価者の日常をありのままに観察することにより，自然な形での被観察者の様子を把握することができる。 短所：被観察者の行動すべてを観察することはできないし，観察結果には，観察者の主観が含まれやすいという危険がある。
レポート法 作文法	ある課題に対して，レポートや作文を書かせる方法。	長所：長文を書かせることにより，個人の意見や考えを知ることができるとともに，思考力や論理力を評価することができる。 短所：とくに，レポート作成の場合には，自分の意見をとりまとめ，論理的な文章として完成させる高度のメタ認知能力が要求されるため，児童には適さない。
制作物法 実演	絵画や工作物などを制作させたり，何らかのパフォーマンスをさせる方法。	長所：単なる知識・理解だけでなく，被評価者の技量を評価することができる。 短所：評価すべき観点が多様になることが多いので，評価規準や判定基準を明確に決めておかないと，何を評価しているのかが曖昧になったり，評価者によって，評価の基準が変わってしまう危険がある。

Column 13　教育におけるPDCAサイクル

　PDCAサイクルとは，もともとは生産管理や品質管理で用いられてきた手法であり，Plan（計画）→ Do（実行）→ Check（点検・評価）→ Act（処置・改善）というサイクルの頭文字から名づけられている。すなわち，現状や将来予測に基づいて計画を立案し（Plan），その計画にしたがって業務を実行し（Do），実行結果が計画に沿っているかどうかを点検・評価し（Check），その点検結果に基づいて，計画に沿っていない業務を改善する（Act）という一連のサイクルがPDCAサイクルである。

　最近，このPDCAサイクルを教育に取り入れる動きがよくみられる。PDCAサイクルを有効に機能させるには，あらかじめ，Checkすることを考えて，計画を立案することが重要である。目標が達成されたかどうかを点検するためには，目標設定時に，「〇〇ができる」など，できるだけ具体的な目標を設定することが望ましい。具体的な目標が設定できれば，その目標に向かって，具体的にどのような方策をとればいいかということも考えやすくなる。教育目標は抽象的なものになりがちであるが，抽象的な目標では，その目標が達成されたかどうかを評価することはむずかしい。工業製品の品質の均一性を達成するためには，統計的管理が重要であるという考え（Shewhart, 1939）に基づいてPDCAサイクルが提唱されたことからも明らかなように，PDCAサイクルを機能させるためには，いかに具体的な目標を設定できるかがポイントとなる。

　しかしながら，いくら具体的目標を設定したとしても，その目標が達成不可能であっては意味がない。達成可能な目標を設定するためには，しっかりと現状分析を行う必要がある。多くの教育活動は，継続的になされているものであることを考えると，まず，現状を分析・評価し，改善点を明らかにすることが，計画立案前に求められる。そのような意味では，PDCAサイクルを導入するにあたって，いきなりPlanを立てるのではなく，現状をCheckすることから始めた方が，より有効なPlanを立てることができるだろう。

　PDCAサイクルは，改善を前提としたサイクルである。したがって，失敗が許されないことに対しては，PDCAサイクルはなじまない。また，たんに目標が達成できたかどうかという成果だけを評価しても，それだけでは，教育活動の改善にはつながらないので，PDCAサイクルを導入する意味がない。

　このように，PDCAサイクルを有効に機能させるためには，教育活動をいかにCheckするのかということが，非常に重要なポイントとなる。教育活動のCheckとは，いい方を変えれば「教育評価」そのものをさす。したがって，PDCAサイクルを十分に活用させるためには，日々の教育活動を適切に評価するための知識と技能が求められる。

14章
教育統計

1. 教育における統計
2. 測定
3. 記述統計：1変数の記述
4. 記述統計：2変数の記述

1. 教育における統計

(1) 教師に必要な統計の知識と技術

「統計」というと，なんらかの調査結果をまとめて数値化したものを思い浮かべるかもしれない。実際，「学校基本調査」や「学校教員統計調査」「全国学力・学習状況調査」など，文部科学省が実施する調査だけでも非常に多くの種類がある。このような調査の結果は広く公表されており，教師には，このような統計資料を読み解く力が必要である。これらの資料に接したときには，どうしても平均値やパーセントなどの数値にのみ注意が向きやすい。しかし，それらの数値が測定された方法や標本数，データの分布型や散布度等，平均値やパーセント以外の諸要因も考慮しないと，誤ったデータの解釈に陥ってしまう。したがって，教師には，統計に関する知識と技術が必要不可欠である。

このような場合だけでなく，統計に関する知識と技術は，教育活動のさまざまな場面において必要となる。たとえば，教育評価に利用するための客観的情報を収集・分析する場合や，自分が実施した実践授業の効果を明らかにする場合など，データの測定やその集計，さらには，それらの結果から一般的傾向を推測したりするときに，統計的知識と技術の活用が求められる。

(2) 統計の段階

統計は，①測定（データを収集するための統計手法），②記述統計（収集したデータを集約し，その傾向や特徴を把握するための統計手法），③推測統計（実際に測定可能な集団から収集したデータを用いて，最終的な結論として述べたい集団の傾向や特徴を推測するための統計手法）の3段階に分けられる。これら3段階のうち，本章では，測定と記述統計について説明する。

なお，本章で扱わない推測統計は，さらに，点推定，区間推定，統計的仮説検定に細分される。これらの知識と技術を活用することによって，自分が実際に入手したデータの特徴だけでなく，それらのデータからより一般的な傾向を推測することができるので，心理学の研究では，推測統計が多用される。した

がって，心理学の研究知見を詳しく理解するためには，測定や記述統計だけでなく，推測統計の知識と技術を身につけることが必要である。

2. 測定

(1) 測定とは

測定とは，「対象のある性質に着目し，これに対してある決められた規則により数値を付すこと」である（池田，1980）。なお，測定されるのは，対象のもつ性質であり，対象そのものではない。たとえば，小学校6年生のA君の50m走のタイムが7.8秒であったとき，測定されたのはA君が50mを走った時間であり，A君そのものが測定されたわけではないし，A君が走るのが速いことが測定されたわけでもない（50mを7.8秒で走った小学校6年生が走るのが速いかどうかを判断するのが評価である）。

また，測定の際，数値を付す規則は1つではない（身長をメートルで測定しても，フィートで測定しても構わない）。しかし，いったん規則を決定したら，すべての測定対象に対して，同一規則を適用しなければならない。

測定

(2) 尺度

ある対象を測定するためには，なんらかのはかりやものさしが必要である。さまざまな対象・事象を測定するための「ものさし」を尺度という。「ものさし」や「はかり」と同様に，子どもの「学力」を測定するために用いられる「学力テスト」なども尺度である。

ところで，この尺度は，許容されている数学的変換によって，4つの水準に分けられる（表14-1）。これらの尺度水準のうち，比率尺度と間隔尺度で測定された値については，統計的に意味のある平均値を算出することが可能である。多くの分析手法が平均値を用いることや，上位水準の尺度は下位水準の尺度に置き換え可能だが，下位水準の尺度は上位水準の尺度に置き換えることが不可能なことを考慮すると，可能であるならば，間隔尺度水準以上で測定した方が，収集したデータの利用可能性が大きくなる。

尺度

● 表14-1 尺度の水準（Stevens, 1946を参考にして作成）

尺度水準	特　徴	例	許容される数学的変換
比率尺度	目盛り（尺度の数値）の間隔が等しく，かつ，絶対的原点（0は何もないことを意味する）が存在する（マイナスの値が存在しない）尺度	長さ，重さ，等	定数倍変換（$y = ax$）
間隔尺度	目盛りの間隔は等しいが，原点は任意の値である（マイナスの値が存在する）尺度	摂氏の温度（0℃は温度がないわけではない，0℃以下の温度が存在する），等	線形変換（$y = ax + b$）
順序尺度	対象のもつある性質に順位づけするための尺度	各種ランキング，プロ野球の順位，等	単調変換（$y = x \pm a$）
名義尺度	異なるカテゴリーを互いに区別するための尺度	郵便番号，バスの系統番号，等	一対一置換（$y = x$）

(3) 測定誤差と尺度の信頼性

　どんなに精密に測定したとしても，測定値には誤差が含まれる。この誤差は，**確率誤差**と系統誤差に分けられる。確率誤差とは，まったくの偶然によって生じる誤差であり，「真の値」を中心として，左右対称に分布する。したがって，確率誤差の場合にはある程度，収集するデータ数を多くすることにより，測定値の平均は「真の値」に近づいていく。一方，**系統誤差**とは，「真の値」から，一定方向に系統だったズレを生じさせる誤差である。系統誤差は，測定値を「真の値」から一定方向に遠ざけるので，いくらデータをたくさん収集したとしても，系統誤差がある限り，測定値が「真の値」に近づくことはない。したがって，測定にあたっては，可能な限り，系統誤差を除去することが重要である。

　信頼性　尺度の信頼性とは，測定に用いる尺度の精度・一貫性（等質性）・再現性（安定性）についての指標であり，信頼性が高い尺度とは，測定誤差の小さな尺度のことである。たとえば，あなたが体重をはかったら，62kgだったとする。ここでもう一度体重をはかりなおしたとき，今度は64kgだったとしたら，あなたは，自分が使った体重計の値を信用するだろうか？　このような体重計は，信頼性が低い体重計である。なお，尺度の信頼性のうち，精度とは，測定値と「真の値」とがズレている程度，つまり誤差の大きさの程度のことである。また，

一貫性とは，ある個人が，似たような問題や質問項目に対して似たような回答をする程度のことであり，再現性は，同一対象を複数回測定したときに，測定値が一致する程度のことである。

(4) 直接測定・間接測定と尺度の妥当性

たとえば，自分の身長は，身長計などのはかりを用いて測定することが可能である。このように，測定しようとしている対象の性質を直接的に測定することを，直接測定という。しかし，子どもの「関心・意欲・態度」などは，直接測定することができないものである。このような場合には，たとえば，授業中の子どもの発言回数を数え，その数が多いほど意欲が高いとみなすことによって，子どもの意欲を測定したことにする。このように，間接測定とは，測定したい対象と密接に関連し，かつ，直接測定することができるものを測定することによって，測定したい対象を間接的に測定したとみなす測定のことである。

間接測定の場合には，その測定が本当に測定したい対象を測定しているかということが常に問題となる。先の例では，授業中の子どもの発言のなかに，授業内容とはまったく関係のない発言が含まれていた場合には，子どもの発言回数が子どもの意欲の表れであるとみなしていいかどうかについて，慎重に考えないといけないだろう。

尺度の妥当性とは，測定に用いる尺度が，測定したい対象を正確に測定しているかどうかを示す指標であり，妥当性の高い尺度とは，測定対象を適切に（「本当に」）測定している尺度のことである。尺度の信頼性と同様に，妥当性もさまざまな観点から検討される。内容的妥当性とは，測定されるべき対象が尺度のなかに適切に表現されているかを示す指標であり，基準関連妥当性とは，測定しようとする対象にすでに明確な外的基準がある場合，ある尺度の測定値が外的基準と相関する程度を示す指標である。また，構成概念妥当性とは，測定しようとしている概念を構成している各要素が適切に測定されているかどうかを示す指標である。

このように，対象を「正確に」測定するためには，信頼性と妥当性を兼ね備えた尺度を用いることが重要である。また，測定結果をみる際にも，測定に用いられた尺度の信頼性と妥当性をまず確認することが重要である。

(margin notes) 直接測定　間接測定　妥当性　内容的妥当性　基準関連妥当性　構成概念妥当性

3. 記述統計：1変数の記述

(1) 度数分布とパーセント

度数　　　ある測定値を示したデータの個数を度数といい，また，その度数がどのよう
度数分布　な分布をしているのかを示したリストを度数分布という。この度数分布をみれ
ば，収集したデータの範囲や，どのカテゴリーにどの程度のデータがあるかな
ど，収集したデータのおおまかな傾向を知ることができる。また，「○○が好
パーセント　きな人は××パーセントいた」などのように，度数はしばしばパーセント（度
数を全データ数で割り100倍した数値）で表される。

　ところで，パーセントによる結果記述は，非常によくみかける手法ではあるが，それらの値をみるときには，以下の点に注意しなければいけない。

①測定対象

　だれにどのような質問をしたのかによって，算出されたパーセントの意味は異なってくる。たとえば，教育学部や看護学部で，大学生が卒業後に就きたい職業を調べた場合，その結果は，大学生全体の希望とはかなり異なる割合になるだろう。したがって，パーセントで示された結果をみるときには，どのような対象に調査したのかとか，そこで示されている結果が，どの程度一般化可能かということまで把握しておかなければいけない。

標本　　　　通常，一般的な傾向を調べる場合には，測定の対象となる集団（標本）は，
母集団　　最終的な結論として述べたい集団（母集団）の特徴と同じ特徴を同じ割合でもっていなければならない。このように，母集団と同じ特徴をもつように，母集
標本抽出法　団から標本を取り出す方法を標本抽出法といい，標本抽出法を用いた調査を標
標本調査　本調査という（逆に，母集団すべてを測定対象とする調査は，全数調査，ある
全数調査　いは，悉皆調査という）。したがって，パーセントを用いて一般的傾向を示す場合には，標本調査か全数調査を実施することが必須である。

②分母の大きさ（全データ数）

　パーセント表示のデータをみる場合，分母の大きさが結果の解釈に影響する。たとえば，10％の変化がみられた場合，全データ数が1,000個の場合には，100

個のデータが変化しているのに対して，全データ数が10個の場合には，たった1個のデータが変化しているにすぎない。このように，分母の値が小さい場合には，一見，パーセントの変動が大きくみえても，実際には，その変動は誤差の範囲内であることが少なくない。したがって，全データ数が一定数以下（たとえば100以下）の場合には，結果を読み取る際に，十分な注意が必要である。

(2) 代表値

度数分布は，データの全体的傾向の把握に役立つが，測定したデータの特徴を簡潔に表したい場合には，情報量が多すぎる。そのようなときに用いられるのが代表値（ある変数を代表する数値）である。代表値には，以下のようなものがあげられる。　　　　　　　　　　　　　　　　　　　　　　　　　　代表値

①平均値　　　　　　　　　　　　　　　　　　　　　　　　　　　　平均値
変数の全測定値の合計を全データ数で割った値であり，最もよく用いられる代表値である。

②中央値
全データを小さい値から順に数えて，あるパーセントのところにある値をパーセンタイルという。たとえば，100個のデータを小さい順に並べたとき，20番目にある値が20パーセンタイル値となる。乳幼児身体発育調査や知能検査などでは，このパーセンタイル値が重要な指標となっている。　　　　　　　パーセンタイル

代表値の1つである中央値とは，50パーセンタイル値，すなわち，全データを小さい順に並べたとき，ちょうど真ん中にあるデータの値のことである。　　中央値

③最頻値
最も度数の多い値のことを最頻値という。　　　　　　　　　　　　　　最頻値

なお，どの代表値を使うかは，測定値の分布のあり方に依存する。分布が正規分布（平均を中心とした左右対称の一山型の分布：Column 14の図参照）型の場合には，平均値・中央値・最頻値の値は等しくなる。このような場合には，分析方法の利用可能性の多い平均値が代表値として用いられることが多い。　正規分布

(3) 散布度

測定したデータの特徴を把握するためには，代表値とともに，それらのデー

タがどのように分布しているのかを知る必要がある。データの散らばり（広がり）の程度を示す指標を散布度という。代表値と散布度を知ることによって，データの特徴が明らかになる。代表的な散布度の指標は以下のとおりである。

①範囲

データの最大値と最小値の差を範囲という。

②分散・標準偏差

全データ数をn，各測定値をx_i，平均を$\bar{x}$とすると，分散s^2は，以下の式14-1によって求められる。

$$s^2 = \frac{1}{n}\sum_{i=1}^{n}\left(x_i - \bar{x}\right)^2 \qquad \text{(式14-1)}$$

式14-1に示したように，分散の基本的考え方は，各測定値から平均値への距離（偏差）の平均（厳密にいえば，偏差の2乗の平均）である。平均値から離れたデータが多ければ多いほど，分散の値は大きくなる。なお，標準偏差σは，式14-2に示したように，分散の正の平方根である。分散や標準偏差は，最も利用頻度の高い散布度の指標である。

$$\sigma = \sqrt{s^2} = \sqrt{\frac{1}{n}\sum_{i=1}^{n}\left(x_i - \bar{x}\right)^2} \qquad \text{(式14-2)}$$

③四分位偏差

75パーセンタイル値から25パーセンタイル値を引いた値を2で割った値を四分位偏差という。四分位偏差は，中央値を代表値として用いた際に利用される散布度の指標である。

(4) 標準化と標準得点

模擬試験を2回受けたとき，各回の問題や難易度は異なるので，単純に2回の模擬試験の点数をそのまま比較しても意味がない。このように，異なる尺度で測定された測定値は，そのままでは比較することができない。

異なる尺度で測定された測定値を比較するためには，それぞれの尺度で測定された値を変換して，共通の「ものさし」に置き換えることが必要となる。尺度の標準化とは，異なる尺度で測定された値について，その平均値や標準偏差が特定の同一値になるように置き換えることをいい，たんに標準化といった場

合には，通常，平均が0，標準偏差が1となるように，各尺度の測定値を置き換えることをいう。また，標準化によって変換された各尺度値を標準得点zといい，以下の式14-3によって算出される。

標準得点

$$z_i = \frac{x_i - \overline{x}}{\sigma} \qquad (式14\text{-}3)$$

ここで算出された標準得点は，平均0，標準偏差1の尺度上における各測定値の相対的位置を示したものである。つまり，標準得点が正の大きな値であるということは，測定対象集団内で相対的に上位にあることを意味している。また，標準得点が0に近いということは，平均値に近いことを意味している。

なお，偏差値も標準得点の1つであり，各測定値を，平均50，標準偏差10の尺度に置き換えたものである（式14-4）。

$$Z_i = \frac{x_i - \overline{x}}{\sigma} \times 10 + 50 \qquad (式14\text{-}4)$$

4. 記述統計：2変数の記述 ・・・

(1) クロス集計表

「私は雨男だ」といった場合，「私が外出するときには雨がよく降る」ということを表現しているように考えがちである。しかし，「私は雨男だ」という表現には，じつは，「私が外出するときには雨が降るが，私が家にいるときには雨は降らない」というように，天候（雨／晴れ）と外出の有無（外出／在宅）といった2つの変数が含まれている。

ところで，この1か月の間で，私が外出した20日のうち15日は雨が降ったとしよう。このとき，「私は雨男だ」といってもいいだろうか？ 表14-2の①のような場合には，「私は雨男だ」といってもいいだろう。しかし，表14-2の②のような場合には，私が雨男なのではなく，たんに雨の多い1か月であったにすぎないことがわかるだろう。

このように，2つの変数の関連を知りたいときには，表14-2のようなクロス集計表を作成することが必要となる。表14-2は，天候（雨／晴れ）と外出の有

● 表14-2　クロス集計表の例

①雨男といってもいい場合

	雨	晴れ	合計
外出	15 (75%)	5 (25%)	20 (100%)
在宅	3 (30%)	7 (70%)	10 (100%)
合計	18 (60%)	12 (40%)	30 (100%)

②雨男とはいえない場合

	雨	晴れ	合計
外出	15 (75%)	5 (25%)	20 (100%)
在宅	7 (70%)	3 (30%)	10 (100%)
合計	22 (73%)	8 (27%)	30 (100%)

無（外出／在宅）という2つの変数をかけあわせて（クロスして）集計したクロス集計表である。「外出した20日のうち15日は雨が降った」ような場合には，人は，外出しなかったときに雨が降った日数を調べることなく，直感的に「私は雨男だ」と結論づけてしまいがちであるが，クロス集計表を作成することによって，このような誤った結論を導くことを防ぐことができるのである。

なお，クロス集計表では，通常，各セル（2つの変数をかけあわせて集計した一つひとつのマス目）には，度数とパーセントを記入する。したがって，クロス集計表の結果をみるときには，度数分布とパーセントで示されたデータをみるときと同様の注意が必要である。

(2) 相関係数

相関係数

　クロス集計表の場合には，少なくともどちらか片方の変数が名義尺度を用いて測定されていることが多いのだが，2つの変数がともに間隔尺度か比率尺度を用いて測定されている場合には，2つの変数の関連性を示す指標として相関係数が用いられる。相関係数とは，2つの変数の直線的関係の強さを示す指標である。相関係数rは，$-1 \leq r \leq 1$の値をとり，その絶対値が大きくなるほど，2つの変数間の直線的関係は強くなる。たとえば，図14-1の上段3つの散布図をみると，左側の散布図ほど，各点が直線的に並んでいるようにみえるだろう。また，相関係数の値が正のときには，変数xの値が増加すると変数yの値も増加するという関係（正の相関：図14-1の①，②参照）を，逆に，相関係数が負のときには，変数xの値が増加すると変数yの値は減少するという関係（負の相

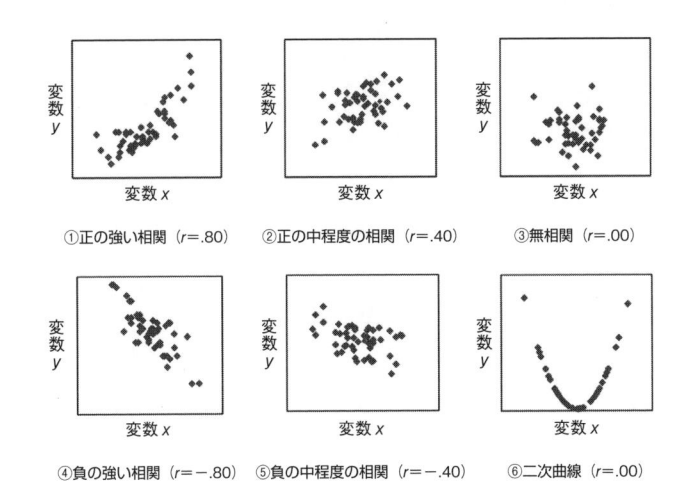

①正の強い相関（$r=.80$）　②正の中程度の相関（$r=.40$）　③無相関（$r=.00$）

④負の強い相関（$r=-.80$）　⑤負の中程度の相関（$r=-.40$）　⑥二次曲線（$r=.00$）

● 図14-1　さまざまな相関関係

関：図14-1の④，⑤参照）を，それぞれ示している。なお，相関係数は2つの変数の直線的関係の強さを示す指標なので，図14-1の⑥に示したように，たとえ明確な曲線的関係があったとしても，相関係数の値は，図14-1の③と同様に，0に近い値をとることもある。

ところで，「カエルが鳴くと雨が降る」という言葉がある。この言葉には，2つの変数の関連についてみる際に，人が陥りやすいふたつの誤りが含まれていることに注意しなければならない。

アマガエルが鳴くことと雨が降ることとの間には，正の相関関係がある。しかし，この相関は，あくまでもみかけの相関であり，実際には，「気圧の低下」という真の原因が存在する。つまり，気圧が低下したことを感知して，アマガエルは鳴き始めるし，気圧の低下の結果，雨が降り始める。このように，本来，相関関係がないにもかかわらず，それら2つの変数の原因となる第3の変数の影響によって，2変数間にみかけの相関が示されるとき，このみかけの相関を擬似相関という。

また，「カエルが鳴くと雨が降る」と聞くと，人は「カエルが鳴くこと」が原因で，「雨が降る」という結果がもたらされると考えてしまう。しかし，相関係数は，あくまでも2変数が共変動する程度を示した指標であり，因果関係

擬似相関

を示したものではない。しかし，人は2つの変数間に関連がある場合，どちらかの変数を原因として，もう片方の変数を結果としてとらえてしまう傾向があるので，相関関係を因果関係として解釈しないよう，注意しなければならない。なお，変数x（原因）と変数y（結果）の間に因果関係が成立するためには，①xはyに先行して起きること，②xが起きないときにはyは起きないこと，③xが起きたときには必ずyが起きることの3条件が満たされている必要がある。

ここで紹介した相関係数は，2変数の直線的関係を示した記述統計の1つの指標であるが，片方の変数を用いて，もう片方の変数の変動を予測する推測統計の指標としても用いられることがある。また，心理学の研究では，多変量解析がよく用いられる。多変量解析とは，多くの変数をまとめて分析するための統計的手法の総称であり，重回帰分析，判別分析，主成分分析，因子分析，共分散構造分析など，多様な種類が存在する。これらの解析にも相関係数が用いられているのだが，このことは，多変量解析もまた，変数間の直線的関係が分析の前提となっていることを意味している。

多変量解析

Column 14　偏差値

　何回かテストを受験した場合，各テストの平均点や標準偏差は異なっているので，同じ50点という点数だったとしても，全受験生のなかでの自分の順位は異なるはずである。しかし，平均点と自分の得点を比較しただけでは，自分の相対的順位がどの程度かということはわからない。このようなとき，テスト得点を偏差値に置き換えることにより，3回のテストについて，受験者のなかでの自分の相対的位置が比較できるようになる（表参照）。
　たとえば，表の第2回模擬テストの偏差値は，以下の式によって求められる。

$$Z_2 = \frac{x_2 - \overline{x_2}}{\sigma_2} \times 10 + 50 = \frac{50 - 40}{20} \times 10 + 50 = 55$$

x_2：第2回テストのあなたの得点　　$\overline{x_2}$：平均値　　σ_2：標準偏差

　第2回テストと第3回テストは，平均点も自分の得点も同じだが，標準偏差が異なるので，偏差値に置き換えると，第2回よりも第3回の方が，自分の順位が上であることがわかる。このように，偏差値を求めることにより，異なる尺度で測定した値を比較することが可能になる。成就値のように，知能テストと学力テストといった性格の異なるテスト間の得点を比較するような場合にも，偏差値は用いられる。
　さらに，図に示したように，たとえば偏差値50以上60以下には全データの34.1％が含まれるといったように，偏差値さえわかれば，集団内での自分の相対的位置がわかるのである。図に示したように，たとえば偏差値70の場合には，上位2.3％の位置にある。ちなみに，かつての中学校における相対評価の評定も，評定「5」は偏差値65以上，評定「4」は偏差値55以上65以下，評定「3」は偏差値45以上55以下，評定「2」は偏差値35以上45以下，評定「1」は偏差値35以下というように，偏差値で表わすことが可能である。
　偏差値というと，大学ランキング等を思い浮かべるかもしれない。しかし，この大学偏差値は，①当該大学に入学した学生の前年度模試の偏差値の平均値（確定偏差値）か，②当該大学を志望する受験生の偏差値からの合格ラインの推測値（予想偏差値）のいずれか（黒木，2008）であり，ここで紹介した偏差値とは異なるものである。

◗ 表　模擬テストの成績（模擬データ）

模擬テスト	あなたの得点	平均点	標準偏差	あなたの偏差値
第1回	50	60	20	45
第2回	50	40	20	55
第3回	50	40	10	60

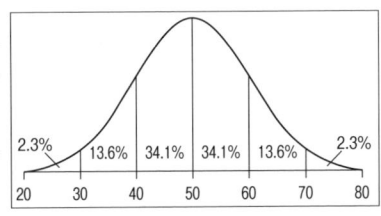

◗ 図　偏差値の確率密度関数

引用文献

1章

倉石精一（1978）．教育心理学の成立　倉石精一・苧阪良二・梅本堯夫（編著）　教育心理学改訂版　新曜社　pp.1-9.
永江誠司（2008）．教育と脳―多重知能を活かす教育心理学　北大路書房
永野重史（1997）．教育評価とは何か　永野重史（編）　教育心理学―思想と研究　放送大学教育振興会　pp.127-138.
日本教育心理学会（編）（2003）．教育心理学ハンドブック　有斐閣
Pressley, M., & Roehrig, A. (2002). Educational psychology in the modern era: 1960 to the present. In B. Zimmerman, & D. Schunk (Eds.), *Educational psychology: A century of contributions*. Mahwah, NJ: Erlbaum.
桜井茂男（2004）．教育心理学とは　桜井茂男（編）　たのしく学べる最新教育心理学　図書文化社　pp.11-21.
多鹿秀継（2010）．教育心理学第2版―より充実した学びのために　サイエンス社

● Column 1

Gardner, H. (1999). *Intelligence reframed: Multiple intelligences for the 21st century*. New York: Basic Books. 松村暢隆（訳）（2001）．MI: 個性を生かす多重知能の理論　新曜社
永江誠司（2008）．教育と脳―多重知能を活かす教育心理学　北大路書房

2章

Bowlby, J. (1959). *Mental care and mental health*. Geneva: World Health Organization. 黒田実郎（訳）（1967）．乳幼児の精神衛生　岩崎学術出版
Gesell, A., & Thompson, H. (1929). Learning and growth in identical infant twins: An experimental study by the method of co-twin control. *Genetic Psychology Monographs: Child Behavior, Differential and Genetic Psychology*, **6**, 1-124.
Havighurst, R. J. (1972). *Developmental tasks and education*. 3rd ed. New York: David McKay.
Jensen, A. R. (1968). Social, class, race, and genetics: Implications for education. *American Educational Research Journal*, **5**, 1-41.
Lorenz, K. (1960). *Er redete mit dem Vieh, den Vögeln und den Fischen（King Solomon's ring）*. Wine: Borotha-Schoeler. 日高敏隆（訳）（1987）．ソロモンの指輪―動物行動学入門　早川書房
Portmann, A. (1951). *Biologische Fragmente zu einer Lehre vom Menschen*. Basel: Benno Schwabe. 高木正孝（訳）（1961）．人間はどこまで動物か―新しい人間像のために　岩波書店
Scammon, R. E. (1930). The measurement of the body in childhood. In J. A. Harris, C. M. Jackson, D. G. Paterson, & R. E. Scammon (Eds.), *The measurement of man*. Minneapolis: The University of Minnesota Press, pp.171-215.
Выготский, Л. С. (Vygotsky, L. S.) (1956). *Избранные психологические исследования*. Moskva: APN RSFSR. 柴田義松（訳）（2001）．新訳版 思考と言語　新読書社
Watson, J. B. (1924). *Behaviorism*. New York: W. W. Norton.

● Column 2

Carlson, S. M. (2005). Developmentally sensitive measures of executive function in preschool children. *Developmental Neuropsychology*, **28**, 595-616.

Gioia, G. A., Espy, K. A., & Isquith, P. K. (2003). *Behavior Rating Inventory of Executive Function, Preschool Version (BRIEF-P)*. Lutz, FL: Psychological Assessment Resources.

3章

Bowlby, J. (1969). *Attachment and loss. Volume I Attachment*. London: Hogarth Press.

Harlow, H. F., & Mears, C. (1979). *The human model: Primate perspectives*. Washington, D. C.: V.H. Winston & Sons.

小林さえ (1968). ギャングエイジ―秘密の社会をつくる年頃　誠信書房

Piaget, J. (1929). *The child's conception of the world*. London: Routledge & Kegan Paul.

Piaget, J., & Inhelder, B. (1956). *The child's conception of space*. London: Routledge & Kegan Paul.

Выготский, Л. С. (Vygotsky, L. S.) (1956). *Избранные психологические исследования*. Moskva: APN RSFSR.　柴田義松（訳）(2001). 新訳版　思考と言語　新読書社

Werner, H. (1948). *Comparative psychology of mental development*. New York: International Universities Press.

● Column 3

Carlson, S. M., Moses, L. J., & Claxton, L. J. (2004). Individual differences in executive functioning and theory of mind: An investigation of inhibitory control and planning ability. *Journal of Experimental Child Psychology*, **87**, 299-319.

Gordon, A. C. L., & Olson, D. R. (1998). The relation between acquisition of a theory of mind and the capacity to hold in mind. *Journal of Experimental Child Psychology*, **68**, 70-83.

Perner, J. (1991). *Understanding the representational mind*. Cambridge, MA: MIT Press.

Perner, J., & Lang, B. (1999). Development of theory of mind and executive control. *Trends in Cognitive Sciences*, **3**, 337-344.

4章

Erikson, E. H. (1959). *Identity and life cycle*. Madison, CT: International University Press.　小此木啓吾（訳編）(1973). 自我同一性―アイデンティティとライフ・サイクル　誠信書房

Freud, S. (1932). *Neue Folge der Vorlesungen zur Einführung in die Psychoanalyse*. Frankfurt: Fischer Verlag GmbH.　古澤平作（訳）(1969). 続精神分析入門　日本教文社

Freud, S. (1972). *The complete psychological works of Sigmunt Freud*. London: The Institute of Psycho-Analysis.　本間直樹（訳編）　フロイト全集18―自我とエス：みずからを語る　岩波書店

Havighurst, R. J. (1972). *Developmental tasks and education*. 3rd ed. New York: David McKay.　児玉憲典・飯塚裕子（訳）(1997). ハヴィガーストの発達課題と教育―生涯発達と人間形成　川島書店

加藤隆勝 (1997).「青年」の由来と青年期の位置づけ　加藤隆勝・高木秀明（編）　青年心理

学概論　誠信書房　pp.1-13.
Kohlberg, L.（1969）. Stage and sequence: The cognitive-developmental approach to socialization. In D. A. Goslin（Ed.）, *Handbook of socialization theory and research*. Skokie Illinois: Rand McNally.　永野重史（監訳）（1987）. 道徳性の形成―認知発達的アプローチ　新曜社
永江誠司（2000）. 男と女のモラトリアム―若者の自立とゆらぎの心理　ブレーン出版
永江誠司（2012）. 発達と脳―神経発達心理学入門　おうふう
小此木圭吾（1978）. モラトリアム人間の時代　中央公論社
Piaget, J.（1952）. *La psychologie de l'intelligence*. Paris: Armand Colin.　波多野完治・滝沢武久（訳）（1960）. 知能の心理学　みすず書房
Piaget, J.（1932）. *The moral judgment of the child*. London: Routledge & Kegan Paul.　大伴　茂（訳）（1957）. 児童道徳判断の発達　同文書院

● Column 4

Greene, J. D., Sommerville, R. B., Nystrom, L. E., Darley, J. M., & Cohen, J. D.（2001）. An fMRI investigation of emotional engagement in moral judgment. *Science*, **293**, 2105-2108.
永江誠司（2010）. 世界一の子ども教育モンテッソーリ―12歳までに脳を賢く優しく育てる方法　講談社

5章

Ferster, C. B., & Skinner, B. F.（1957）. *Schedules of reinforcement*. New York: Appleton-Century-Crofts.
Köhler, W.（1917）. *Intelligenzprüfungen an Menschenaffen*. Berlin: Springer.　宮孝一（訳）（1962）. 類人猿の知恵試験　岩波書店
Mazur, J. E.（2006）. *Learning and behavior*. 6th ed. New Jersey: Prentice Hall. 磯　博行・坂上貴之・川合伸幸（訳）（2008）. メイザーの学習と行動（日本語版第3版）　二瓶社
Pavlov, I. P.（1927）. *Conditioned reflexes: An investigation of the physiological activity of the cerebral cortex*. London: Oxford Univ. Press.
Skinner, B. E.（1937）. Two types of conditioned reflex: A reply to Konorskiand Miller. *Journal of General Psychology*, **16**, 272-279.
Skinner, B. F.（1968）. *The technology of teaching*. New York: Appleton-Century-Crofts.　村井　実・沼野一男（監訳）（1969）. 教授工学　東洋館出版社
Thorndike, E.（1911）. *Animal intelligence*. New York: Macmillan.
Tolman, E. C.（1948）. Cognitive maps in rats and men. *Psychological Review*, **55**, 189-208.
Watson, J. B., & Rayner, R.（1920）. Conditioned emotional reactions. *Journal of Experimental Psychology*, **3**, 1-14.
Yerkes, R. M., & Morgulis, S.（1909）. The method of Pawlow in animal psychology. *Psychological Bulletin*, **6**, 257-273.

● Column 5

Arimoto, N.（1991）. A computer tool designed to change children's concept of school math. *Educational Technology Research*, **14**, 11-16.
Лурия, А. Р.（Luriya, A. P.）（1974）. Об историческом развитии познавательных процессов.　森岡修一（訳）（1976）. 認識の歴史的発達　明治図書出版

6章

Atkinson, R. C., & Shiffrin, R. M. (1968). Human memory: A proposed system and its control processes. In K. W. Spence, & J. T. Spence (Eds.), *The psychology of learning and motivation: Advances in research and theory.* Vol. 2. New York: Academic Press. pp.89-195.

Atkinson, R. C., & Shiffrin, R. M. (1971). The control of short-term memory. *Scientific American*, **225**, 82-90.

Baddeley, A. (2003). Working memory: Looking back and looking forward. *Nature Review Neuroscience*, **4**, 829-839.

Baddeley, A. D., & Hitch, G. J. (1974). Working memory. In G. H. Bower (Ed.), *The psychology of learning and motivation.* Vol. 8. New York: Academic Press. pp. 47-89.

Craik, F. I. M., & Lockhart, R. S. (1972). Levels of processing: A frame work for memory research. *Journal of Verbal Learning and Verbal Behavior*, **11**, 671-684.

Ebbinghaus, H. (1885). *Über das Gedächtnis. Untersuchungen zur Experimentellen Psychologie.* Leipzig: Duncker und Humblot. 宇津木　保（訳）(1978). 記憶について―実験心理学への貢献　誠信書房

Estes, W. K., & DaPolito, F. (1967). Independent variation of information storage and retrieval processes in paired-associate learning. *Journal of Experimental Psychology*, **75**, 18-26.

Gathercole, S. E., Pickering, S. J., Knight, C., & Stegmann, Z. (2004). Working memory skills and educational attainment: Evidence from national curriculum assessments at 7 and 14 years of age. *Applied Cognitive Psychology*, **18**, 1-16.

Glanzer, M., & Cunitz, A. R. (1966). Two storage mechanisms in free recall. *Journal of Verbal Learning and Verbal Behavior*, **5**, 351-360.

Jenkins, J. B., & Dallenbach, K. M. (1924). Oblivescence during sleep and waking. *American Journal of Psychology*, **35**, 605-612.

Miller, G. A. (1956). The magical number seven, plus or minus two: Some limits on our capacity for processing information. *Psychological Review*, **63**, 81-97.

Shimamura, A. P., Salmon, D. P., Squire, L. R., & Butters, N. (1987). Memory dysfunction and word priming in dementia and amnesia. *Behavioral Neuroscience*, **101**, 347-351.

Sperling, G. (1960). The information available in brief visual presentations. *Psychological Monographs: General and Applied*, **74**, 1-29.

Swanson, H. L. (1999). What develops in working memory? A life span perspective. *Developmental Psychology*, **35**, 986-1000.

Tulving, E. (1972). Episodic and semantic memory. In E. Tulving & W. Donaldson (Eds.), *Organization of memoy.* New York: Academic Press. pp.381-403.

● Column 6

Loftus, E. F., & Palmer, J. E. (1974). Reconstruction of automobile destruction: An example of the interaction between language and memory. *Journal of Verbal Learning and Verbal Behavior*, **13**, 585-589.

Loftus, E. F., & Pickrell, J. E. (1995). The formation of false memories. *Psychiatric Annals*, **25**, 720-725.

7章

馬場久志（1998）．メタ認知の成立と援助　無藤　隆・市川伸一（編）　学校教育の心理学　学文社　pp.101-117.

Flavell, J. H., Fredrich, A. G., & Hoyt, J. D. (1970). Developmental changes in memorization processes. *Cognitive Psychology*, **1**, 324340.

丸野俊一（2007）．適応的なメタ認知をどう育むか　心理学評論，**50**, 341-355.

村山　航（2003）．テスト形式が学習方略に与える影響　教育心理学研究，**51**, 1-12.

村山　航（2007）．学習方略―子どもの自律的な学習を目指して　藤田哲也（編）　絶対役立つ教育心理学―実践の理論，理論を実践　ミネルヴァ書房　pp.85-94.

Palincsar, A. S., & Brown, A. L. (1984). Reciprocal teaching of comprehension-fostering and comprehension-monitoring activities. *Cognition and Instruction*, **1**, 117-175.

三宮真智子（2008）．メタ認知研究の背景と意義　三宮真智子（編）　メタ認知―学習力を支える高次認知機能　北大路書房　pp.1-16.

Schraw, G. (1998). Promoting general metacognitive awareness. *Instructional Science*, **26**, 113-125.

瀬尾美紀子・植阪友理・市川伸一（2008）．学習方略とメタ認知　三宮真智子（編）メタ認知―学習力を支える高次認知機能　北大路書房　pp.55-73.

辰野千壽（1997）．学習方略の心理学―賢い学習者の育て方　図書文化社

上淵　寿（2007）．自己制御学習とメタ認知―志向性，自己，及び環境の視座から　心理学評論，**50**, 227-242.

上淵　寿（1998）．自己制御と自己評価の教育　無藤　隆・市川伸一（編）　学校教育の心理学　学文社　pp.118-134.

Weinstein, C. E., & Mayer, R. (1986). The teaching of learning strategies. In M. C. Wittrock (Ed.) *Handbook of research on teaching*. New York: Macmillan. pp.318-327.

Zimmerman, B. J. (2002). Becoming a self-regulated learner: An overview. *Theory into Practice*, **42**, 64-72.

Zimmerman, B. J., & Martinez-Pons, M. (1986). Development of structured interview for assessing student use of self-regulated learning strategies. *American Educational Research Journal*, **23**, 614-628.

● Column 7

安藤史高・布施光代・小平英志（2008）．授業に対する動機づけが児童の積極的授業参加行動に及ぼす影響：自己決定理論に基づいて　教育心理学研究，**56**, 160-170.

布施光代・小平英志・安藤史高（2006）．児童の積極的授業参加行動の検討：動機づけとの関連および学年・性による差異　教育心理学研究，**54**, 534-545.

8章

Atkinson, J. W. (1957). Motivational determinants of risk-taking behavior, *Psychological Review*, **64**, 359-372.

Bandura, A. (1977). Self-efficacy: Toward a unifying theory of behavior change. *Psychological Reviw*, **84**, 191-215.

Deci, E. L., & Flaste, R. (1995). *Why we do what we do: The dynamics of personal autonomy*. New York: Putnam's Sons. 桜井茂雄（監訳）（1999）．人を伸ばす力―内発と自律のすすめ　新曜社

Dweck, C. S. (1986). Motivational process affecting learning. *American Psychologist*, **41**,

1040-1048.

Lepper, M. R.& Greene, D. (1973). Undermining children's intrinsic interest with extrinsic reward; A test of the "overjustification" hypothesis. *Journal of Personality and Social Psychology*, **28**, 129-137.

Maslow, A. H. (1943). A theory of human motivation. *Psychological Review*, **50**, 370-396.

大芦　治（2010）．学習された無力感：自分できるという気持ちの大切さ　中澤　淳（編）よくわかる教育心理学　ミネルヴァ書房　pp.40-41.

大原健士郎（1981）．フラストレーション　梅津八三・相良守次・宮城音弥・依田　新（監修）新版　心理学事典　平凡社　p.744.

Seligman, M. E. P. (1975). *Helplessness: On depression, development, and death*. San Francisco: W. H. Freeman. 平井　久・木村　駿（監訳）（1988）．うつ病の行動学—学習性絶望感とは何か　誠信書房

● Column 8

Solomon, S., Greenberg, J., & Pyszczynski, T. (1991). A terror management theory of social behavior: The psychological functions of self-esteem and cultural worldviews. *Advances in Experimental Social Psychology*, **24**, 93-159.

脇本竜太郎（2005）．存在脅威管理理論の足跡と展望—文化内差・文化間差を組み込んだ包括的な理論化に向けて—　実験社会心理学研究, **44**, 165-179.

9章

Aronson, E., Blaney, N. T., Sikes, J., Stephan, C., & Snapp, M. (1975).　Busing and racial tension: The jigsaw route to learning and linking. *Psychological Today*, **8**, 43-59.

Ausubel, D. P. (1963).　*The psychology of meaningful verbal learning*. New York: Grune & Stratton.

馬場久志（1996）．授業における教授・学習過程　大村彰道（編）　教育心理学Ⅰ—発達と学習指導の心理学　東京大学出版会　pp.187-204.

Barkley, E. F., Cross, K. P., & Major, C. H. (2005). *Collaborative learning techniques: A handbook for college faculty*. San Francisco: Jossey-Bass. 安永　悟（監訳）（2009）．協同学習の技法　ナカニシヤ出版

Bruner, J. S. (1960). *The Process of education*. Cambridge, Mass: Havard University Press.

Cronbach, L. J. (1957). The two disciplines of scientific psychology. *American Psychologist*, **12**, 671-684.

福岡県教育センター（2004）．　自尊感情を高める少人数授業の展開—コミュニケーション活動を取り入れた授業の工夫改善を通して　研究紀要, 149号

市川伸一（1996）．　個人差と学習指導法　大村彰道（編）　教育心理学Ⅰ—発達と学習指導の心理学　東京大学出版会　pp.169-185.

伊藤康児（1999）．　授業形態の理解　多鹿秀継（編）認知心理学からみた授業過程の理解　北大路書房　pp.121-146.

持留英世（1978）．教授—学習の能率化　山内光哉（編）　学習と教授の心理学　九州大学出版会　pp. 235-282.

奈須正裕（1997）．　授業作りの手立てをめぐって—方法論　鹿毛雅治・奈須正裕（編）　学ぶこと教えること—学校教育の心理学　金子書房　pp.75-102.

大芦　治（2008）．　完全習得学習：みんなが分かる　中澤　潤（編）　よくわかる教育心理学　ミネルヴァ書房　pp.104-105.

折原茂樹（1998）．　学習の形成　岡村浩志・藤田主一（編）　新しい教育心理学　福村出版

pp. 57-72.
Snow, R. E., Tiffin, J., & Seibert, W. (1965). Individual differences and instructional film effects. *Journal of Educational Psychology*, 56, 315-326.
須藤 文・安永 悟（2011）．読解リテラシーを育成するLTD話し合い学習法の実践―小学校5年生国語科への適用　教育心理学研究, 59, 474-487.
多鹿秀継（1999）．授業過程の理解　多鹿秀継（編）認知心理学からみた授業過程の理解　北大路書房　pp.33-58.
多鹿秀継・川上昭吾（1988）．理科教授における先行オーガナイザの効果　第2報：小学校第5学年，花のつくりの学習において　日本理科教育学会紀要, 29, 29-37.
安永 悟（2006）．実践・LTD話し合い学習法　ナカニシヤ出版

● Column 9
松尾 剛・丸野俊一（2007）．子どもが主体的に考え，学び合う授業を熟練教師はいかに実現しているか―話し合いを支えるグラウンド・ルールの共有過程の分析を通して―　教育心理学研究, 55, 534-545.

10章

Burt, S. C. (1949a). The structure of the mind: A review of the results of factor analysis part I. *British Journal of Educational Psychology*, 19, 100-111.
Burt, S. C. (1949b). The structure of the mind: A review of the results of factor analysis part II. *British Journal of Educational Psychology*, 19, 176-199.
Cattell, R. B. (1963). Theory of fluid and crystallized intelligence: A critical experiment. *Journal of Educational Psychology*, 54, 1-22.
Franzen, R. (1920). The accomplishment quotient: A school mark in terms of individual capacity. *Teachers College Record*, 21, 432-440.
Guilford, J. P. (1959). Traits of creativity. In H. H. Anderson (Ed.), *Creativity and Its cultivation*. New York: Harper & Brothers Publishuers. pp.142-161.
Guilford, J. P. (1967). *The nature of human intelligence*. New York: McGraw-Hill.
池田 央（1982）．テストと測定　東 洋・奥田真丈・河野重男（編）教育学大全集　第一法規出版
川喜田二郎・田中 実（編）（1970）．発想法（KJ法）による社会科学習　明治図書
三浦香苗（1996）．勉強ができない子　岩波書店
日本創造性心理学会（編）（1969）．S-A創造性検査手引O・A・B・C版共通　東京心理
西浦和樹（2011）．創造性教育の現状と創造的問題解決力の育成―教育ツールの活用による人間関係構築の試み―　教育心理学年報, 50, 199-207.
Osborn, A. F. (1963). *Applied imagination: Principles and procedures of creative problem solving*. 3rd rev. *ed*. New York: Scribner.　上野一郎（訳）（1971）．新版　独創力を伸ばせ　ダイヤモンド社
Pintner, R., & Marshall, H. (1921). A combined mental-educational survey. *Journal of Educational Psychology*, 12, 32-43.
Spearman, C. (1904). "General intelligence" Objectively determined and measured. *American Journal of Psychology*, 15, 201-292.
田中正吾（1985）．知能と創造性　放送大学教育振興会
辰野千壽・応用教育研究所（2009）．AAI学力向上要因診断ハンドブック　小・中・高校用　図書文化
Terman, L. M. (1975). The measurement of intelligence. J. Gardner, & H. Gardner,

(Advisory Eds.), W. Dennis, J. Kagan, & S. White (Eds.), *Classics in child development.* New York: Arno Press.

Thurstone, L. L. (1938). The perceptual factor. *Psychometrika,* **3,** 1-17.

Torrance, E. P. (1962). *Guiding creative talent.* N.J.: Englewood Cliffs.　佐藤三郎（訳）（1966）．創造性の教育　誠心書房

Vernon, P. E. (1950). *The structure of human abilities.* New York: John Wiley.

Yerkes, R. M. (1921). *Psychological examining in the United States Army.* Washington: Government Printing Office.

Wechsler, D. (2010). *Technical and interpretive manual for the Wechsler Intelligence Scale for Children-Fourth Edition.* NCS Pearson, Inc.　日本語版WISC-Ⅳ刊行委員会（訳）（2003）．日本語版WISC-Ⅳ知能検査　理論・解釈マニュアル　日本文化社

● Column 10

Goleman, D. (1995). *Emotional intelligence: Why it can matter more than IQ.* New York: Bantam.　土屋京子（訳）（1996）．EQ—こころの知能指数—　講談社

小泉令三（2011）．社会性と情動の学習（SEL-8S）の導入と実践　ミネルヴァ書房

小泉令三・山田洋平（2011a）．社会性と情動の学習（SEL-8S）の進め方（小学校編）　ミネルヴァ書房

小泉令三・山田洋平（2011b）．社会性と情動の学習（SEL-8S）の進め方（中学校編）　ミネルヴァ書房

皆川直凡・片瀬力丸・大竹恵子・島井哲志（2010）．児童用情動知能尺度の開発とその信頼性・妥当性の検証　鳴門教育大学研究紀要，**25,** 31-37.

Salovey, P., & Mayer, J. D. (1990). Emotional intelligence. *Imagination, Cognition & Personality,* **9,** 185-211.

11章

Barkley, R. A. (1997). Behavioral inhibition, sustained attention, and excutive functions: Constructing a unifying theory of ADHD. *Psychological Bulletin,* **121,** 65-94.

Kanner, L. (1943). Autistic disturbances of affective contact. *Nervous Child,* **2,** 217-250.

文部科学省（1999）．学習障害児に対する指導について（報告）〈http://www.mext.go.jp/a_menu/shotou/tokubetu/material/002.htm〉

文部科学省（2003）．今後の特別支援教育の在り方について（最終報告）〈http://www.mext.go.jp/b_menu/shingi/chousa/shotou/018/toushin/030301.htm〉

文部科学省（2010）．平成21年度通級による指導実施状況調査〈http://www.mext.go.jp/a_menu/shotou/tokubetu/material/1294023.htm〉

高橋三郎・大野　祐・染矢俊幸（2004）．DSM-Ⅳ-TR精神疾患の診断・統計マニュアル（新訂版）　医学書院

融　道男・小見山実・大久保善朗・中根允文・岡崎祐士（訳）（2005）．ICD-10精神および行動の障害—臨床記述と診断ガイドライン—　医学書院

Wing, L. (1996). *The autistic spectrum: A guide for parents and professionals.* London: Constable and Company.　久保紘章・佐々木正美・清水康夫（監訳）（1998）．自閉症スペクトル—親と専門家のためのガイドブック　東京書籍

● Column 11

小貫　悟・名越斉子・三和　彩（2004）．LD・ADHDへのソーシャルスキルトレーニング　日本文化科学社

12章

藤竹　暁（2000）．居場所を考える　藤竹　暁（編）　現代のエスプリ別冊　現代人の居場所　至文堂　pp.47-57.
本田克己・高木嘉一・小川義幸（1968）．子どもの望む教師　教育心理, 16, 268-273.
岸田元美（1980）．人間的接触の学級経営心理学　明治図書
岸田元美（1983）．子どもの教師認知・態度—教師と子どもの人間関係学—　学習指導研修, 66（Vol.6-6, No.9）, 84-87.
Lewin, K., Lippitt, R., & White, R. K. (1939). Patterns of aggressive behavior in experimentally created "social climates". *The Journal of Social Psychology*, 10, 271-299.
前原武子・稲谷ふみ枝・金城育子（1996）．教職希望学生が認知する教師適性と教師効力感　琉球大学教育学部教育実践研究指導センター紀要, 4, 43-49.
三隅二不二（1964）．教育と産業におけるリーダーシップの構造—機能に関する研究—　教育心理学年報, 4, 83-107.
三隅二不二・矢守克也（1989）．中学校における学級担任教師のリーダーシップ行動測定尺度の作成とその妥当性に関する研究　教育心理学研究, 37, 46-54.
三隅二不二・吉崎静夫・篠原しのぶ（1977）．教師のリーダーシップ行動測定尺度の作成とその妥当性の研究　教育心理学研究, 25, 157-166.
宮脇二郎（1970）．教師のLeadershipの型と児童の対教師態度との関係について　岐阜大学研究報告（人文科学）, 19, 84-93.
文部科学省（2006）．今後の教員養成・免許制度の在り方について　〈http://www.mext.go.jp/b_menu/shingi/chukyo/chukyo0/toushin/06071910/002.htm〉
小川一夫（1979）．学級経営の心理学　北大路書房
Rosenthal, R., & Jacobson, L. (1968). Pygmalion in the classroom. *The Urban Review*, 3, 16-20.
園原太郎・広田君美（1953）．学級集団の成立　阪本一郎・中野佐三・波多野完治・依田　新（編）　教育心理学講座3　学級社会の心理　金子書房　pp.5-62.
須藤康男（1971）．教師のパーソナリティ　高木貞二（編）　現代心理学の課題　東京大学出版会　pp.271-280.
田中熊次郎（1957）．児童集団心理学　明治図書
田﨑敏昭（1981）．教師のリーダーシップ行動類型と勢力の源泉　実験社会心理学研究, 20, 137-145.
露口健司（2004）．校長のリーダーシップが教師の職務態度に及ぼす影響プロセス—教師の個人的価値観に着目したモデルに検証—　日本教育経営学会紀要, 46, 93-105.

● Column 12

河村茂雄（2006）．学級づくりのためのQ-U入門—楽しい学校生活を送るためのアンケート」活用ガイド—　図書文化

13章

Bloom, B. S., Hastings, J. T., & Madaus, G. F. (1971). *Handbook on formative and summative evaluation of student learning.* New York: McGraw-Hill. 梶田叡一・渋谷憲一・藤田恵璽（訳）（1973）．教育評価法ハンドブック：教科学習の形成的評価と総括的評価　第一法規出版
南風原朝和（2003）．教育評価の方法　子安増生・田中俊也・南風原朝和・伊東裕司　教育心

理学 新版　有斐閣　pp.181-203.
梶田叡一（1983）．教育評価 第 2 版　有斐閣
文部科学省（2010）．学校評価ガイドライン［平成22年改訂］〈http://www.mext. go.jp/component/a_menu/education/detail/__icsFiles/afieldfile/2012/07/12/1323515_2. pdf〉（2012年 9 月 1 日）
文部科学省（2016a）．学習指導要領の一部改正に伴う小学校，中学校及び特別支援学校小学部・中学部における児童生徒の学習評価及び指導要録の改善等について（通知）28文科 初 第604号 平成28年 7 月29日 〈http://www.mext.go.jp/b_menu/hakusho/nc/__icsFiles/afieldfile/2016/08/23/1376204_1.pdf〉（2018年 3 月21日）
文部科学省（2016b）．学習評価に関する資料　文部科学省中央教育審議会初等中等教育分科会教育課程部会総則・評価特別部会（第 4 回）（平成28年 1 月18日開催）資料6-2 〈http://www.mext.go.jp/b_menu/shingi/chukyo/chukyo3/061/siryo/__icsFiles/afieldfile/2016/02/01/1366444_6_2.pdf〉（2018年 3 月22日）
文部省（1991）．我が国の文教施策（平成 3 年度）：世界に貢献する学術研究 〈http://www.mext.go.jp/b_menu/hakusho/html/hpad199101/hpad199101_2_117.html〉（2012年 9 月 1 日）
高浦勝義（2000）．ポートフォリオ評価法入門　明治図書
山口県教職員課（2012）．平成24年度教職員評価の取組について 〈http://www.pref.yamaguchi.lg.jp/cms/a50200/hyouka/hyouka20.html〉（2012年 9 月 1 日）

● Column 13
Shewhart, W. A. (1939). *Statistical method from the viewpoint of quality control*. Washington, D.C.: The Graduate School, The Department of Agriculture.　坂元平八（監訳）（1960）．品質管理の基礎概念―品質管理の観点からみた統計的方法―　岩波書店

14章

池田　央（1980）．調査と測定　池田　央・芝祐順（編）　社会科学・行動科学のための数学入門 第 4 巻　新曜社
Stevens, S. S. (1946). On the theory of scales of measurement. *Science*, **7**, 677-680.

● Column 14
黒木比呂史（2008）．大学版PISAの脅威：グローバリゼーションと大学偏差値　論創社

索 引

●あ
愛着　29
アイデンティティ（自我同一性）　44
愛と所属の欲求　87
アヴェロンの野生児　14
アスペルガー症候群　122
アタッチメント　29
アトキンソン（Atkinson, J. W.）　91
アニミズム　31
安全の欲求　87
アンダーアチーバー　114
アンダーマイニング現象　89

●い
維持リハーサル　65
一般型　19
意図的学習　63
意味記憶　67
因子分析　111
インフォーマル・グループ　134
インプリンティング　17

●う
ヴィゴツキー（Vygotsky, L. S.）　21
WISC（Wechsler Intelligence Scale for Children）　113
WPPSI（Wechsler Preschool and Primary Scale of Intelligence）　113
WAIS（Wechsler Adult Intelligence Scale）　113
ウェルナー（Werner, H.）　31
ヴント（Wundt, W.）　5

●え
ATI　104
ADHD（注意欠陥多動性障害）　122
エピソード記憶　67
エビングハウス（Ebbinghaus, H.）　63
M機能（集団維持機能）　139
エリクソン（Erikson, E. H.）　43
LD（学習障害）　122
LTD　102

●お
オーバーアチーバー　115
オペラント行動　53
オペラント条件づけ　53
重さの保存　31

●か
外言　32
外発的動機づけ　88
外罰的反応　86
拡散的思考　117
学習（環境）優位説　15
学習曲線　106
学習障害（LD）　122
学習性無力感　92
学習の転移　80
学習方略　77
確率誤差　160
数の保存　31
仮説実験授業　99
課題遂行機能（P機能）　139
感覚運動期　26
感覚記憶　65
環境閾値説　15
観察法　8
慣習的水準　46
干渉説　63
間接測定　161
完全習得学習（マスタリーラーニング）　105, 150
寛大化傾向　152
観点別学習状況評価　152

● き
擬似相関　167
基準関連妥当性　161
期待価値モデル　91
逆行干渉　64
キャッテル（Cattel, R. B.）　111
ギャングエイジ　33
ギャング・グループ（徒党集団）　136
教育評価　146
強化　54
境界人　38
強化子　54
強化スケジュール　54
協同学習　101
ギルフォード（Guilford, J. P.）　112
均衡化　27

● く
偶発的学習　63
具体的操作期　27

● け
K-ABC（Kaufman Assessment Battery for Children）　126
形式的操作期　27
形式陶冶　80
継次処理　127
形成的評価　105, 150
系統誤差　160
ケーラー（Köhler, W.）　57
ゲス・フー・テスト　138
ゲゼル（Gesell, A.）　15
結晶性知能　111
厳格化傾向　152
検索　62
検査法　9
原始反射　28

● こ
効果の法則　56

後慣習的水準　46
高原現象（プラトー現象）　106
公式集団　134
口唇期　43
構成概念妥当性　161
行動主義　50
光背効果　142
広汎性発達障害　122
肛門期　43
コールバーグ（Kohlberg, L.）　45
後光効果　142
個人内評価　152
固定的知能観　93
古典的条件づけ　51
孤立期　135
孤立児　137

● さ
サーストン（Thurstone, L. L.）　110
再生（法）　62
再認（法）　62
最頻値　163
作業記憶（ワーキングメモリ）　68
3水準6段階説　46
散布度　164

● し
シェマ　27
ジェンセン（Jensen, A. R.）　15
自我意識の芽ばえ　30
自我同一性（アイデンティティ）　44
ジグソー学習　102
刺激　50
試行錯誤学習　55
自己効力感　92
自己実現の欲求　87
自己中心性　31
自己調整学習　79
自己評価　147
思春期スパート　39

索　引

実験法　8
実在論　31
実質陶冶　80
実念論　31
疾風怒濤　38
質問紙法　9
児童期　18
指導要録　148
四分位偏差　164
自閉症　122
尺度　146, 159
収束的思考　117
集団維持機能（M機能）　139
集団凝集性　137
集団統合期　136
周辺児　137
シュテルン（Stern, W.）　15
受容学習　99
準拠集団　135
順行干渉　64
消去　52
条件刺激　52
条件づけ　50
条件的知識　74
条件反応　52
承認欲求　87
初期経験　17
初期成人期　47
初語　29
初頭効果　65
事例研究法　10
新近性効果　65
神経型　19
人工論　31
診断的評価　105, 150
信頼性　160
心理的離乳　38

●す
垂直的分化期　135

吸い付き反射　28
水平的分化期　135
スキーマ　99
スキナー（Skinner, B. F.）　53
スキャモンの発達曲線　19
スピアマン（Spearman, C.）　110
スモールステップ　54

●せ
性器期　43
正規分布　163
成熟期　47
成熟優位説　15
生殖型　19
成人期　18, 47
精緻化リハーサル　65
青年期　18, 38
生理的早産　14
生理的欲求　87
説明オーガナイザー　101
セリグマン（Seligman, M. E. P.）　92
前概念的思考段階　26
前慣習的水準　46
宣言的記憶　67
宣言的知識　74
先行オーガナイザー　100
全数調査　162
前操作期　26
潜伏期　43

●そ
総括的評価　105, 150
相関係数　166
相互教授法　76
相互評価　147
増大的知能観　93
相対評価　151
相貌的知覚　32
ソーンダイク（Thorndike, E.）　55
即時確認　55

測定　146, 159
ソシオ・グラム　136
ソシオ・マトリックス　136
ソシオメトリー　136
ソシオメトリック地位　137
ソシオメトリック・テスト　136
素朴概念　34
素朴理論　34

●た
第一反抗期　30
第三者評価　147
第二次性徴　40
第二の誕生　38
代表値　163
代理母の実験　29
他者評価　147
脱中心化　34
妥当性　161
多変量解析　168
短期記憶　64
男根期　43

●ち
知能検査　112
知能指数　112
知能偏差値　113
チャンキング　67
注意欠陥多動性障害（ADHD）　122
中央値　163
長期記憶　67
調節　27
直接測定　161
貯蔵　62
直感的思考段階　26

●つ
対提示　51

●て
適性処遇交互作用　104
デシ（Deci, E. L.）　89
手続き記憶　67
手続き的知識　74

●と
同化　27
動機づけ　86
道具的条件づけ　53
洞察　57
同時処理　127
到達度評価　151
道徳性の発達　45
道徳判断　45
道徳理論　45
ドエック（Dweck, C. S.）　93
トールマン（Tolman, E. C.）　58
度数　162
度数分布　162
徒党集団（ギャング・グループ）　136
努力と結果の随伴性　93

●な
内言　32
内発的動機づけ　88
内罰的反応　86
内容的妥当性　161
喃語　30

●に
二重貯蔵モデル　64
乳児期　18
人気児　137
認知　50
認知カウンセリング　78
認知説　50, 57
認定評価　152

●は
把握反射　28
パーセンタイル　163
パーセント　162
ハーロウ（Harlow, H. F.）　29
排斥児　137
ハヴィガースト（Havighurst, R. J.）　20
バズ学習　101
発見学習　98
発達加速現象　39
発達課題　20
発達原理　18
発達障害　122
発達の最近接領域　22
バビンスキー反射　28
パフォーマンス目標　94
パブロフ（Pavlov, I. P.）　51
パブロフ型条件づけ　51
ハロー効果　142
範囲　164
般化　53
判定基準　151
バンデューラ（Bandura, A.）　92
反応　50

●ひ
ピアジェ（Piaget, J.）　26
ピアジェの発達段階　26
PM理論　139
P機能（課題遂行機能）　139
比較オーガナイザー　101
ピグマリオン効果　142
非公式集団　135
人見知り　29
ビネー（Binet, A.）　110
評価規準　151
標準化　164
標準得点　165
標準偏差　164
表象　31

表象的思考段階　26
評定　150
標本　162
標本抽出法　162
標本調査　162

●ふ
フォーマル・グループ　134
輻輳説　15
符号化　62
部分集団形成期　136
プラトー現象（高原現象）　106
ブルーム（Bloom, B. S.）　105, 150
フロイト（Freud, S.）　41
プログラム学習　54
分散　164

●へ
平均値　163
偏差値　151
弁別　52
弁別刺激　54

●ほ
ボウルビィ（Bowlby, J.）　17, 29
ポートフォリオ評価法　153
歩行反射　28
母集団　162
ホスピタリズム　18
保存の概念　27
ポルトマン（Portmann, A.）　14

●ま
マスタリーラーニング（完全習得学習）　105, 150
マズロー（Maslow, A. H.）　87
マターナル・デプリベーション　17

●み
三隅二不二　139

●む
無条件刺激　51
無条件反応　51
無罰的反応　86

●め
メタ認知　74
メタ認知的活動　74
メタ認知的コントロール　75
メタ認知的知識　74
メタ認知的モニタリング　75
面接法　9

●も
モラトリアム　45
モレノ（Moreno, J. L.）　136
モロー反射　28

●や
ヤコブソン（Jacobson, L.）　142

●ゆ
有意味学習　99
有意味受容学習　99

●よ
欲求階層説　87
欲求不満　86

●ら
ラーニング目標　94
ライフサイクル論　44

●り
リアリズム　31
リーダーシップ　138
リハーサル　64
流動性知能　111
量の保存　31
臨界期　17
リンパ型　19

●れ
レヴィン（Lewin, K.）　138
レスポンデント条件づけ　51
レディネス　16, 105, 150
連合　51

●ろ
老年期　47
ローゼンソール（Rosenthal, R.）　142
ローゼンツバイク（Rosenzweig, S.）　86
ローレンツ（Lorenz, K.）　17

●わ
ワーキングメモリ（作業記憶）　68
ワトソン（Watson, J. B.）　16
割引原理　90

●編著者紹介

永江誠司（ながえ・せいじ）
福岡教育大学名誉教授　文学博士（広島大学）
著書に『教育と脳』（北大路書房），『発達と脳』，『認知と脳』（以上，おうふう），『子どもの脳を育てる教育』（河出書房新社），『世界一の子ども教育モンテッソーリ』，『社会脳SQの作り方』（以上，講談社），『男と女のモラトリアム』（ブレーン出版），『知覚と行動の体制化における言語の機能に関する研究』（風間書房）などがある。

●執筆者一覧 （執筆順）

永江誠司（ながえ・せいじ）	編著者	1章，4章
杉村智子（すぎむら・ともこ）	帝塚山大学教授	2章，3章
松尾　剛（まつお・ごう）	西南学院大学教授	5章，6章
生田淳一（いくた・じゅんいち）	福岡教育大学教授	7章，9章
大坪靖直（おおつぼ・やすなお）	福岡教育大学教授	8章
黒川雅幸（くろかわ・まさゆき）	愛知教育大学准教授	10章，11章，12章
笹山郁生（ささやま・いくお）	福岡教育大学教授	13章，14章

キーワード 教育心理学
―学びと育ちの理解から教員採用試験対策まで―

| 2013年2月20日　初版第1刷発行 | 定価はカバーに表示 |
| 2025年2月20日　初版第8刷発行 | してあります。 |

編著者　　永　江　誠　司
発行所　　㈱北大路書房
〒603-8303　京都市北区紫野十二坊町12-8
電話（075）431-0361㈹
FAX（075）431-9393
振替　01050-4-2083

©2013　　　　　　　　印刷・製本／モリモト印刷㈱
検印省略　落丁・乱丁本はお取り替えいたします。
ISBN978-4-7628-2793-8　　Printed in Japan

・ JCOPY 〈㈳出版者著作権管理機構 委託出版物〉
本書の無断複写は著作権法上での例外を除き禁じられています。
複写される場合は，そのつど事前に，㈳出版者著作権管理機構
（電話 03-5244-5088, FAX 03-5244-5089, e-mail: info@jcopy.or.jp）
の許諾を得てください。